T0328488

Cambridge Plain Texts

HERDER
KLEINERE AUFSÄTZE. I

HERDER

KLEINERE AUFSÄTZE. I

CAMBRIDGE
AT THE UNIVERSITY PRESS
1952

CAMBRIDGE UNIVERSITY PRESS
Cambridge, New York, Melbourne, Madrid, Cape Town,
Singapore, São Paulo, Delhi, Tokyo, Mexico City

Cambridge University Press
The Edinburgh Building, Cambridge CB2 8RU, UK

Published in the United States of America by
Cambridge University Press, New York

www.cambridge.org
Information on this title: www.cambridge.org/9780521169509

© Cambridge University Press 1923

This publication is in copyright. Subject to statutory exception
and to the provisions of relevant collective licensing agreements,
no reproduction of any part may take place without the written
permission of Cambridge University Press.

First published 1923
Reprinted 1941, 1952
First paperback edition 2011

A catalogue record for this publication is available from the British Library

ISBN 978-0-521-05246-7 Hardback
ISBN 978-0-521-16950-9 Paperback

Cambridge University Press has no responsibility for the persistence or
accuracy of URLs for external or third-party internet websites referred to in
this publication, and does not guarantee that any content on such websites is,
or will remain, accurate or appropriate.

NOTE

I

IT is just 150 years since the publication of Herder's Essay on Shakespeare. That Essay was the first attempt made in Germany to explain Shakespeare historically; it was the harbinger of the 'Storm and Stress' movement; and it has not lost its stimulus even now.

In the first half of the eighteenth century the only serious drama admired in Germany was the French drama of Corneille, Racine and Voltaire. These writers were considered the true successors of the ancient Greek tragedians and the only poets who satisfied the canons laid down by Aristotle. The first German author of importance who challenged this theory was Lessing who, in 1759, asserted that the French tragedians had misunderstood Aristotle and who maintained that for German dramatists Shakespeare was a much worthier subject of imitation. These views, forcibly set forth for the first time in the seventeenth of the *Briefe, die neueste Literatur betreffend*[1], he reiterated in his *Hamburgische Dramaturgie* (1767). Unfortunately Lessing never wrote a comprehensive essay on Shakespeare. Soon after the appearance of the stirring *Literaturbrief*, Wieland published the translation of twenty-two of Shakespeare's plays (1762–66), all being rendered in prose except the *Midsummer Night's Dream*. This first attempt at familiarising the general public in Germany with Shakespeare's works left much to be desired and was for a time a subject of eager discussion. It was attacked by Heinrich Wilhelm von Gerstenberg but was defended by Lessing, and a revised and improved edition, by Eschenburg, in which Gerstenberg's criticisms were utilised, appeared in 1775–82. In 1766 Gerstenberg himself, a Slesvig poet and a critic of

[1] Partly reprinted on pp. 53–55 below.

repute, widely read in English literature, familiar with English literary criticism and inspired by the Shakespearean enthusiasm of the poet Young, published five important letters on the great English dramatist. This *Versuch über Shakespears Werke und Genie* first appeared in his *Briefe über Merkwürdigkeiten der Literatur* (letters 14–18). In these 'Slesvig letters,' written in the spirit of the 'Storm and Stress' movement, and widely read, Gerstenberg showed himself a very competent and enthusiastic interpreter of English poetry and English dramatic theory. Still greater results followed when Herder, stimulated by Gerstenberg's letters, vigorously pursued his own studies of folk-songs and of Shakespeare. He fitly called the original sketch of his essay on Shakespeare a 'Letter to Gerstenberg.'

This first version was written in June, 1771, while Herder was at the University of Strassburg. After frequently discussing its substance with his most ardent pupil, the young Goethe, Herder recast the essay at the beginning of 1772, and again largely re-wrote it early in 1773. Finally the fastidious author sent it to be published, in the same year, as one of the two essays contributed by him to that remarkable quartette called *Blätter von Deutscher Art und Kunst*. In this final form —though even then not finished in every detail—the essay became the most powerful manifesto of the 'Storm and Stress' movement. The aim of the treatise was not only to give Germany a fuller understanding of the art of Shakespeare than it had gained from Lessing and Gerstenberg, but to stimulate the production of original German plays written in the spirit of Shakespeare and after his model. The enthusiastic teacher found to his immense joy that he had a pupil endowed with true poetic genius, when, in the same year, 1773, Goethe published his Shakespearean drama *Götz von Berlichingen*. At the end of the Shakespeare essay[1] Herder publicly acclaimed his great pupil, without divulging his name. The somewhat dithyrambic speech *Zum Shakespeares-Tag*[2] which young Goethe wrote and

[1] See pp. 29–30 of this edition.   [2] See pp. 47–52 below.

delivered in October, 1771, after his return to Frank-
furt in connexion with the celebration of Shakespeare's
birthday arranged by him at his home, and also
despatched to his Strassburg friends who held a similar
celebration, clearly shows Herder's influence. Lenz's
somewhat erratic *Anmerkungen übers Theater*, first
drafted in 1771, but revised and enlarged in 1774, also
betray the influence of Herder's stimulating essay.

II

Herder's interest in Shakespeare was awakened by
his early love of folk-songs and popular poetry. It was
the folk-songs found in Shakespeare's plays that first
attracted him to the dramatist, and popular poetry
never lost its charm for him. In 1773 he published, in
the same collection of essays that contained his essay
on Shakespeare, his remarkable treatise *Auszug aus
einem Briefwechsel über Ossian und die Lieder alter
Völker*, which was followed, in 1777, by the stirring
essay *Von Ähnlichkeit der mittleren englischen und
deutschen Dichtkunst, nebst Verschiedenem, das daraus
folget*[1], a model of fruitful criticism, in which his
countrymen were urged to follow the example of their
English cousins and to collect and study the 'reliques' of
the older popular poetry of Germany. In the following
year Herder himself set them a great example by
publishing his collection of *Volkslieder* (1778–79), a
garland of the choicest specimens of popular poetry
of all nations culled by a master's hand. The influence
of these publications is still a living force.

[1] See pp. 31–46 of this edition.

KARL BREUL

August, 1923

CONTENTS

1. SHAKESPEAR (1773)

WENN bei einem Manne mir jenes ungeheure Bild
einfällt: "hoch auf einem Felsengipfel sitzend! zu
seinen Füssen Sturm, Ungewitter und Brausen des
Meers; aber sein Haupt in den Strahlen des Himmels!"
so ist's bei Shakespear!—Nur freilich auch mit dem
Zusatz, wie unten am tiefsten Fusse seines Felsen-
thrones Haufen murmeln, die ihn—erklären, retten,
verdammen, entschuldigen, anbeten, verleumden,
übersetzen und lästern!—und die Er alle nicht höret!
Welche Bibliothek ist schon über, für und wider
ihn geschrieben!—die ich nun auf keine Weise zu
vermehren Lust habe. Ich möchte es vielmehr gern,
dass in dem kleinen Kreise, wo dies gelesen wird, es
niemand mehr in den Sinn komme, über, für und
wider ihn zu schreiben: ihn weder zu entschuldigen,
noch zu verleumden; aber zu erklären, zu fühlen wie
er ist, zu nützen, und—wo möglich!—uns Deutschen
herzustellen. Trüge dies Blatt dazu etwas bei!
Die kühnsten Feinde Shakespears haben ihn—
unter wie vielfachen Gestalten! beschuldigt und ver-
spottet, dass er, wenn auch ein grosser Dichter, doch
kein guter Schauspieldichter, und wenn auch dies,
doch wahrlich kein so klassischer Trauerspieldichter
sei, als Sophokles, Euripides, Corneille und Voltaire,
die alles Höchste und Ganze dieser Kunst erschöpft.
—Und die kühnsten Freunde Shakespears haben sich
meistens nur begnüget, ihn hierüber zu entschuldigen, zu retten: seine Schönheiten nur immer mit

Anstoss gegen die Regeln zu wägen, zu kompensieren; ihm als Angeklagten das *absolvo* zu erreden, und denn sein Grosses desto mehr zu vergöttern, je mehr sie über Fehler die Achsel ziehen mussten. So stehet die Sache noch bei den neuesten Herausgebern und Kommentatoren über ihn—ich hoffe, diese Blätter sollen den Gesichtspunkt verändern, dass sein Bild in ein volleres Licht kommt.

Aber ist die Hoffnung nicht zu kühn? gegen so viele, grosse Leute, die ihn schon behandelt, zu anmassend? ich glaube nicht. Wenn ich zeige, dass man von beiden Seiten bloss auf ein Vorurteil, auf Wahn gebauet, der nichts ist, wenn ich also nur eine Wolke von den Augen zu nehmen, oder höchstens das Bild besser zu stellen habe, ohne im mindesten etwas im Auge oder im Bilde zu ändern: so kann vielleicht meine Zeit, oder ein Zufall gar schuld sein, dass ich auf den Punkt getroffen, darauf ich den Leser nun fest halte, "hier stehe! oder du siehest nichts als Karrikatur!" Wenn wir den grossen Knaul der Gelehrsamkeit denn nur immer auf- und abwinden sollten, ohne je mit ihm weiter zu kommen—welches traurige Schicksal um dies höllische Weben!

Es ist von Griechenland aus, da man die Wörter Drama, Tragödie, Komödie geerbet, und so wie die Letternkultur des menschlichen Geschlechts auf einem schmalen Striche des Erdbodens den Weg nur durch die Tradition genommen, so ist in dem Schosse und mit der Sprache dieser natürlich auch ein gewisser Regelnvorrat überall mitgekommen, der von der Lehre unzertrennlich schien. Da die Bildung eines Kindes doch unmöglich durch Vernunft geschehen kann und geschieht, sondern durch Ansehen, Eindruck, Göttlichkeit des Beispiels und der Gewohnheit: so sind ganze Nationen in allem, was sie lernen, noch weit mehr Kinder. Der Kern würde ohne Schlaube nicht wachsen, und sie werden auch nie den Kern ohne Schlaube bekommen, selbst wenn sie von dieser ganz keinen Gebrauch machen könnten. Es ist der Fall mit dem griechischen und nordischen Drama.

In Griechenland entstand das Drama, wie es in Norden nicht entstehen konnte. In Griechenland war's, was es in Norden nicht sein kann. In Norden ist's also nicht und darf nicht sein, was es in Griechenland gewesen. Also Sophokles' Drama und Shakespears Drama sind zwei Dinge, die in gewissem Betracht kaum den Namen gemein haben. Ich glaube diese Sätze aus Griechenland selbst beweisen zu können, und eben dadurch die Natur des nordischen Drama, und des grössten Dramatisten in Norden, Shakespears, sehr zu entziffern. Man wird Genese Einer Sache durch die Andre, aber zugleich Verwandlung sehen, dass sie gar nicht mehr dieselbe bleibt.

Die griechische Tragödie entstand gleichsam aus Einem Auftritt, aus den Impromptus des Dithyramben, des mimischen Tanzes, des Chors. Dieser bekam Zuwachs, Umschmelzung: Äschylus brachte statt Einer handelnden Person zween auf die Bühne, erfand den Begriff der Hauptperson, und verminderte das Chormässige. Sophokles fügte die dritte Person hinzu, erfand Bühne—aus solchem Ursprunge, aber spät, hob sich das griechische Trauerspiel zu seiner Grösse empor, ward Meisterstück des menschlichen Geistes, Gipfel der Dichtkunst, den Aristoteles so hoch

ehret, und wir freilich nicht tief gnug in Sophokles
und Euripides bewundern können.

Man siehet aber zugleich, dass aus diesem Ursprunge gewisse Dinge erklärlich werden, die man
sonst, als tote Regeln angestaunet, erschrecklich
verkennen müssen. Jene Simplicität der griechischen
Fabel, jene Nüchternheit griechischer Sitten, jenes
fort ausgehaltne Kothurnmässige des Ausdrucks,
Musik, Bühne, Einheit des Orts und der Zeit—das
alles lag ohne Kunst und Zauberei so natürlich und
wesentlich im Ursprunge griechischer Tragödie, dass
diese ohne Veredlung zu alle jenem nicht möglich war.
Alles das war Schlaube, in der die Frucht wuchs.

Tretet in die Kindheit der damaligen Zeit zurück:
Simplicität der Fabel lag wirklich so sehr in dem, was
Handlung der Vorzeit, der Republik, des Vaterlandes,
der Religion, was Heldenhandlung hiess, dass der
Dichter eher Mühe hatte, in dieser einfältigen Grösse
Teile zu entdecken, Anfang, Mittel und Ende drama-
tisch hineinzubringen, als sie gewaltsam zu sondern,
zu verstümmeln, oder aus vielen, abgesonderten
Begebenheiten Ein Ganzes zu kneten. Wer jemals
Äschylus oder Sophokles gelesen, müsste das nie
unbegreiflich finden. Im ersten was ist die Tragödie
als oft ein allegorisch-mythologisch-halbepisches Gemälde, fast ohne Folge der Auftritte, der Geschichte,
der Empfindungen, oder gar, wie die Alten sagten,
nur noch Chor, dem einige Geschichte zwischengesetzt
war—Konnte hier über Simplicität der Fabel die
geringste Mühe und Kunst sein? Und war's in den
meisten Stücken des Sophokles anders? Sein
Philoktet, Ajax, vertriebner Ödipus u.s.w. nähern
sich noch immer so sehr dem Einartigen ihres Ur-

sprunges, dem dramatischen Bilde mitten im Chor.
Kein Zweifel! es ist Genesis der griechischen Bühne.

Nun sehe man, wie viel aus der simpeln Bemerkung
folge. Nichts minder als: "das Künstliche ihrer
Regeln war—keine Kunst! war Natur!"—Einheit
der Fabel—war Einheit der Handlung, die vor ihnen
lag; die nach ihren Zeit- Vaterlands- Religions- Sitten-
umständen nicht anders als solch ein Eins sein konnte.
Einheit des Orts—war Einheit des Orts; denn die
Eine, kurze feierliche Handlung ging nur an Einem
Ort, im Tempel, Palast, gleichsam auf einem Markt
des Vaterlandes vor: so wurde sie im Anfange, nur
mimisch und erzählend nachgemacht und zwischen-
geschoben: so kamen endlich die Auftritte, die
Scenen hinzu—aber alles natürlich noch Eine Scene.
Wo der Chor alles band, wo der Natur der Sache
wegen Bühne nie leer bleiben konnte u.s.w. Und
dass Einheit der Zeit nun hieraus folgte und natürlich
mitging—welchem Kinde brauchte das bewiesen zu
werden? Alle diese Dinge lagen damals in der Natur,
dass der Dichter mit alle seiner Kunst ohne sie nichts
konnte!

Offenbar siehet man also auch: die Kunst der
griechischen Dichter nahm ganz den entgegen gesetzten
Weg, den man uns heut zu Tage aus ihnen zuschreiet.
Jene simplificierten nicht, denke ich, sondern sie
vervielfältigten: Äschylus den Chor, Sophokles den
Äschylus, und man darf nur die künstlichsten Stücke
des letztern, und sein grosses Meisterstück, den
Ödipus in Thebe gegen den Prometheus, oder
gegen die Nachrichten vom alten Dithyramb halten:
so wird man die erstaunliche Kunst sehen, die ihm
dahinein zu bringen gelang. Aber niemals Kunst aus

Vielem ein Eins zu machen, sondern eigentlich aus
Einem ein Vieles, ein schönes Labyrinth von Scenen,
wo seine grösste Sorge blieb, an der verwickeltsten
Stelle des Labyrinths seine Zuschauer mit dem Wahn
des vorigen Einen umzutauschen, den Knäuel ihrer
Empfindungen so sanft und allmählig los zu winden,
als ob sie ihn noch immer ganz hätten, die vorige
dithyrambische Empfindung. Dazu zierte er ihnen
die Scene aus, behielt ja die Chöre bei, und machte
sie zu Ruheplätzen der Handlung, erhielt alle mit
jedem Wort im Anblick des Ganzen, in Erwartung,
in Wahn des Werdens, des Schonhabens, (was der
lehrreiche Euripides nachher sogleich, da die Bühne
kaum gebildet war, wieder verabsäumte!) Kurz, er
gab der Handlung (eine Sache, die man so erschrecklich missverstehet) Grösse.

Und dass Aristoteles diese Kunst seines Genies in
ihm zu schätzen wusste, und eben in allem fast das
Umgekehrte war, was die neuern Zeiten aus ihm zu
drehen beliebt haben, müsste jedem einleuchten, der
ihn ohne Wahn und im Standpunkte seiner Zeit
gelesen. Eben dass er Thespis und Äschylus verliess,
und sich ganz an den vielfach dichtenden Sophokles
hält, dass er eben von dieser seiner Neuerung ausging, in sie das Wesen der neuen Dichtgattung zu
setzen, dass es sein Lieblingsgedanke ward, nun einen
neuen Homer zu entwickeln, und ihn so vorteilhaft mit
dem Ersten zu vergleichen; dass er keinen unwesent-
lichen Umstand vergass, der nur in der Vorstellung
seinen Begriff der Grösse habenden Handlung
unterstützen konnte—Alle das zeigt, dass der grosse
Mann auch im grossen Sinn seiner Zeit philosophierte,
und nichts weniger als an den verengernden kindischen

Läppereien schuld ist, die man aus ihm später zum Papiergerüste der Bühne machen wollen. Er hat offenbar in seinem vortrefflichen Kapitel vom Wesen der Fabel "keine andre Regeln gewusst und anerkannt, als den Blick des Zuschauers, Seele, Illusion!" und sagt ausdrücklich, dass sich sonst die Schranken ihrer Länge, mithin noch weniger Art oder Zeit und Raum des Baues, durch keine Regeln bestimmen lassen. O wenn Aristoteles wieder auflebte und den falschen, widersinnigen Gebrauch seiner Regeln bei Dramas ganz andrer Art sähe!—Doch wir bleiben noch lieber bei der stillen, ruhigen Untersuchung.

Wie sich alles in der Welt ändert: so musste sich auch die Natur ändern, die eigentlich das griechische Drama schuf. Weltverfassung, Sitten, Stand der Republiken, Tradition der Heldenzeit, Glaube, selbst Musik, Ausdruck, Mass der Illusion wandelte: und natürlich schwand auch Stoff zu Fabeln, Gelegenheit zu der Bearbeitung, Anlass zu dem Zwecke. Man konnte zwar das Uralte, oder gar von andern Nationen ein Fremdes herbei holen, und nach der gegebnen Manier bekleiden: das that alles aber nicht die Wirkung: folglich war in allem auch nicht die Seele: folglich war's auch nicht (was sollen wir mit Worten spielen?) das Ding mehr. Puppe, Nachbild, Affe, Statüe, in der nur noch der andächtigste Kopf den Dämon finden konnte, der die Statüe belebte. Lasset uns gleich (denn die Römer waren zu dumm, oder zu klug, oder zu wild und unmässig, um ein völlig gräcisierendes Theater zu errichten) zu den neuen Atheniensern Europens übergehen, und die Sache wird, dünkt mich, offenbar.

Alles was Puppe des griechischen Theaters ist, kann
ohne Zweifel kaum vollkommner gedacht und gemacht
werden, als es in Frankreich geworden. Ich will nicht
bloss an die sogenannten Theaterregeln denken, die
man dem guten Aristoteles beimisst, Einheit der Zeit,
des Orts, der Handlung, Bindung der Scenen,
Wahrscheinlichkeit des Brettergerüstes, u. s. w.
sondern wirklich fragen, ob über das gleissende,
klassische Ding, was die Corneille, Racine und
Voltaire gegeben haben, über die Reihe schöner
Auftritte, Gespräche, Verse und Reime, mit der
Abmessung, dem Wohlstande, dem Glanze—etwas
in der Welt möglich sei? Der Verfasser dieses Auf-
satzes zweifelt nicht bloss daran, sondern alle Verehrer
Voltairs und der Franzosen, zumal diese edlen
Athenienser selbst, werden es geradezu leugnen—
haben's ja auch schon gnug gethan, thun's und werden's thun, "über das geht nichts! das kann nicht
übertroffen wenden!" Und in den Gesichtspunkt
des Übereinkommnisses gestellt, die Puppe aufs
Bretterngerüste gesetzt—haben sie recht, und müssen's
von Tag zu Tage, je mehr man sich in das Gleissende
vernarrt, und es nachäffet, in allen Ländern Europens
mehr bekommen!

Bei alle dem ist's aber doch ein drückendes un-
widerstrebliches Gefühl "das ist keine griechische
Tragödie! von Zweck, Wirkung, Art, Wesen kein
griechisches Drama!" und der parteiischte Verehrer
der Franzosen kann, wenn er Griechen gefühlt hat,
das nicht leugnen. Ich will's gar nicht einmal untersuchen, "ob sie auch ihren Aristoteles den Regeln
nach so beobachten, wie sie's vorgeben," wo Lessing
gegen die lautesten Anmassungen neulich schreck-

liche Zweifel erregt hat. Das alles aber auch zuge-
geben, Drama ist nicht dasselbe, warum? weil im
Innern nichts von ihm Dasselbe mit Jenem ist, nicht
Handlung, Sitten, Sprache, Zweck, nichts—und was
hülfe also alles Äussere so genau erhaltne Einerlei?
Glaubt denn wohl jemand, dass Ein Held des grossen
Corneille ein römischer oder französischer Held sei?
Spanisch-Senecasche Helden! galante Helden, aben-
theurlich tapfere, grossmütige, verliebte, grausame
Helden, also dramatische Fiktionen, die ausser dem
Theater Narren heissen würden, und wenigstens für
Frankreich schon damals halb so fremde waren, als
sie's jetzt bei den meisten Stücken ganz sind—das sind
sie. Racine spricht die Sprache der Empfindung—
allerdings nach diesem Einen zugegebnen Über-
einkommnisse ist nichts über ihn; aber ausser dem
auch—wüsste ich nicht, wo Eine Empfindung so
spräche? Es sind Gemälde der Empfindung von dritter
fremder Hand; nie aber oder selten die unmittelbaren,
ersten, ungeschminkten Regungen, wie sie Worte
suchen und endlich finden. Der schöne Voltärsche
Vers, sein Zuschnitt, Inhalt, Bilderwirtschaft, Glanz,
Witz, Philosophie—ist er nicht ein schöner Vers?
Allerdings! der schönste, den man sich vielleicht
denken kann, und wenn ich ein Franzose wäre, würde
ich verzweifeln, hinter Voltär Einen Vers zu machen—
aber schön oder nicht schön, kein Theatervers! für
Handlung, Sprache, Sitten, Leidenschaften, Zweck
eines (anders als französischen) Drama, ewige Schul-
chrie, Lüge und Galimathias. Endlich Zweck des
Allen? durchaus kein griechischer, kein tragischer
Zweck! Ein schönes Stück, wenn es auch eine schöne
Handlung wäre, auf die Bühne zu bringen! eine

Reihe artiger, wohlgekleideter Herrn und Dames
schöne Reden, auch die schönste und nützlichste
Philosophie in schönen Versen vortragen zu lassen!
sie allesamt auch in eine Geschichte dichten, die einen
Wahn der Vorstellung giebt, und also die Aufmerksamkeit mit sich fortzieht! endlich das alles auch durch
eine Anzahl wohlgeübter Herrn und Dames vorstellen
lassen, die wirklich viel auf Deklamation, Stelzengang
der Sentenzen und Aussenwerke der Empfindung,
Beifall und Wohlgefallen anwenden—das alles können
vortreffliche und die besten Zwecke zu einer lebendigen Lektüre, zur Übung im Ausdruck, Stellung und
Wohlstande, zum Gemälde guter oder gar heroischer
Sitten, und endlich gar eine völlige Akademie der
Nationalweisheit und Decence im Leben und Sterben
werden, (alle Nebenzwecke übergangen) schön! bil-
dend! lehrreich! vortrefflich! durchaus aber weder
Hand noch Fuss vom Zweck des griechischen Theaters.
    Und welches war der Zweck? Aristoteles hat's
gesagt, und man hat gnug darüber gestritten—nichts
mehr und minder, als eine gewisse Erschütterung
des Herzens, die Erregung der Seele in gewissem
Mass und von gewissen Seiten, kurz! eine Gat-
tung Illusion, die wahrhaftig! noch kein französisches Stück zuwege gebracht hat, oder zuwege
bringen wird. Und folglich (es heisse so herrlich und
nützlich, wie es wolle) griechisches Drama ist's nicht!
Trauerspiel des Sophokles ist's nicht. Als Puppe ihm
noch so gleich; der Puppe fehlt Geist, Leben, Natur,
Wahrheit—mithin alle Elemente der Rührung—
mithin Zweck und Erreichung des Zwecks—ist's also
dasselbe Ding mehr?
    Hiemit würde noch nichts über Wert und Unwert

entschieden, es wäre nur bloss von Verschiedenheit
die Rede, die ich mit dem Vorigen ganz ausser Zweifel
gesetzt glaube. Und nun gebe ich's jedem anheim,
es selbst auszumachen, "ob eine Kopierung fremder
Zeiten, Sitten und Handlungen in Halbwahrheit, mit
dem köstlichen Zwecke, sie der zweistündigen Vorstellung auf einem Bretterngerüste fähig und ähnlich
zu machen, wohl einer Nachbildung gleich" oder
übergeschätzt werden könne, die in gewissem Betracht
die höchste Nationalnatur war? ob eine Dichtung,
deren Ganzes eigentlich (und da wird sich jeder
Franzose winden oder vorbei singen müssen) gar
keinen Zweck hat—das Gute ist nach dem Bekennt-
nis der besten Philosophen nur eine Nachlese im
Detail—ob die einer Landesanstalt gleichgeschätzt
werden kann, wo in jedem kleinen Umstande Wirkung,
höchste, schwerste Bildung lag? Ob endlich nicht
eine Zeit kommen müsste, da man, wie die meisten
und künstlichsten Stücke Corneillens schon vergessen
sind, Crebillon und Voltaire mit der Bewundrung
ansehen wird, mit der man jetzt die Asträa des Herrn
von Urfe und alle Clelien und Aspasien der Ritterzeit ansieht, "voll Kopf und Weisheit! voll Erfindung
und Arbeit! es wäre aus ihnen so viel! viel zu lernen
—aber Schade, dass es in der Asträa und Clelia
ist." Das Ganze ihrer Kunst ist ohne Natur! ist aben-
theuerlich! ist ekel!—Glücklich wenn wir im Geschmack der Wahrheit schon an der Zeit wären! Das
ganze französische Drama hätte sich in eine Sammlung schöner Verse, Sentenzen, Sentimens verwandelt—aber der grosse Sophokles stehet noch, wie
er ist!

Lasset uns also ein Volk setzen, das aus Umständen,
die wir nicht untersuchen mögen, Lust hätte, sich,
statt nachzuäffen und mit der Wallnussschale davon
zu laufen, selbst lieber sein Drama zu erfinden:
so ist's, dünkt mich, wieder erste Frage: wenn? wo?
unter welchen Umständen? woraus soll's das thun?
und es braucht keines Beweises, dass die Erfindung
nichts als Resultat dieser Fragen sein wird und sein
kann. Holt es sein Drama nicht aus Chor, aus Dithyramb her: so kann's auch nichts Chormässiges,
Dithyrambisches haben. Läge ihm keine solche
Simplicität von Faktis der Geschichte, Tradition,
häuslichen und Staats- und Religionsbeziehungen vor
—natürlich kann's nichts von alle dem haben.—Es
wird sich, wo möglich, sein Drama nach seiner
Geschichte, nach Zeitgeist, Sitten, Meinungen,
Sprache, Nationalvorurteile, Traditionen, und Lieb-
habereien, wenn auch aus Fastnachts- und Marionet-
tenspiel (eben, wie die edlen Griechen aus dem Chor)
erfinden—und das Erfundne wird Drama sein, wenn
es bei diesem Volk dramatischen Zweck erreicht. Man
sieht, wir sind bei den

toto divisis ab orbe Britannis

und ihrem grossen Shakespear.

Dass da, und zu der und vor der Zeit kein Griechenland war, wird kein *pullulus Aristotelis* leugnen, und
hier und da also griechisches Drama zu fodern, dass
es natürlich (wir reden von keiner Nachäffung)
entstehe, ist ärger, als dass ein Schaf Löwen gebären
solle. Es wird allein erste und letzte Frage: "wie
ist der Boden? worauf ist er zubereitet? was ist in ihn
gesäet? was sollte er tragen können?"—und Himmel!

wie weit hier von Griechenland weg! Geschichte,
Tradition, Sitten, Religion, Geist der Zeit, des Volks,
der Rührung, der Sprache—wie weit von Griechenland weg! Der Leser kenne beide Zeiten viel oder
wenig, so wird er doch keinen Augenblick verwech-
seln, was nichts Ähnliches hat. Und wenn nun in
dieser glücklich oder unglücklich veränderten Zeit es
eben Ein Alter, Ein Genie gäbe, das aus seinem Stoff
so natürlich, gross, und original eine dramatische
Schöpfung zöge, als die Griechen aus dem Ihren—
und diese Schöpfung eben auf den verschiedensten
Wegen dieselbe Absicht erreichte, wenigstens an sich
ein weit vielfach Einfältiger und Einfach vielfältiger—
also (nach aller metaphysischen Definition) ein voll-
kommenes Ganzes wäre—was für ein Thor, der nun
vergliche und gar verdammte, weil dies Zweite nicht
das Erste sei? Und alle sein Wesen, Tugend und
Vollkommenheit beruht ja darauf, dass es nicht das
Erste ist: dass aus dem Boden der Zeit eben die andre
Pflanze erwuchs.

Shakespear fand vor und um sich nichts weniger als
Simplicität von Vaterlandssitten, Thaten, Neigungen
und Geschichtstraditionen, die das griechische Drama
bildete, und da also nach dem Ersten metaphysischen
Weisheitssatze aus Nichts Nichts wird, so wäre,
Philosophen überlassen, nicht bloss kein griechisches,
sondern, wenn's ausserdem Nichts giebt, auch gar
kein Drama in der Welt mehr geworden, und hätte
werden können. Da aber Genie bekanntermassen
mehr ist, als Philosophie, und Schöpfer ein ander
Ding als Zergliederer: so war's ein Sterblicher mit
Götterkraft begabt, eben aus dem entgegen gesetz-
testen Stoff, und in der verschiedensten Bearbeitung

dieselbe Wirkung hervor zu rufen, Furcht und
Mitleid! und beide in einem Grade, wie jener erste
Stoff und Bearbeitung es kaum vormals hervorzu-
bringen vermocht!—Glücklicher Göttersohn über
sein Unternehmen! Eben das Neue, Erste, ganz
Verschiedne zeigt die Urkraft seines Berufs.

Shakespear fand keinen Chor vor sich; aber wohl
Staats- und Marionettenspiele—wohl! er bildete also
aus diesen Staats- und Marionettenspielen, dem so
schlechten Leim! das herrliche Geschöpf, das da vor
uns steht und lebt! Er fand keinen so einfachen Volks-
und Vaterlandscharakter, sondern ein Vielfaches von
Ständen, Lebensarten, Gesinnungen, Völkern und
Spracharten—der Gram um das Vorige wäre ver-
gebens gewesen; er dichtete also Stände und Menschen,
Völker und Spracharten, König und Narren, Narren
und König zu dem herrlichen Ganzen! Er fand keinen
so einfachen Geist der Geschichte, der Fabel, der
Handlung: er nahm Geschichte, wie er sie fand, und
setzte mit Schöpfergeist das verschiedenartigste Zeug
zu einem Wunderganzen zusammen, was wir, wenn
nicht Handlung im griechischen Verstande, so
Aktion im Sinne der mittlern, oder in der Sprache
der neuern Zeiten Begebenheit (*événement*), grosses
Ereignis nennen wollen—o Aristoteles, wenn du
erschienest, wie würdest du den neuen Sophokles
homerisieren! würdest so eine eigne Theorie über ihn
dichten, die jetzt seine Landsleute, Home und Hurd,
Pope und Johnson noch nicht gedichtet haben!
Würdest dich freuen, von Jedem deiner Stücke
Handlung, Charakter, Meinungen, Ausdruck,
Bühne, wie aus zwei Punkten des Dreiecks Linien
ziehen zu können, die sich oben in Einem Punkte

des Zwecks, der Vollkommenheit begegnen! Würdest zu Sophokles sagen: male das heilige Blatt dieses Altars! und du, o nordischer Barde, alle Seiten und Wände dieses Tempels in dein unsterbliches Fresco!

Man lasse mich als Ausleger und Rhapsodisten fortfahren: denn ich bin Shakespear näher als dem Griechen. Wenn bei diesem das Eine einer Handlung herrscht: so arbeitet jener auf das Ganze eines Ereignisses, einer Begebenheit. Wenn bei jenem Ein Ton der Charaktere herrschet, so bei diesem alle Charaktere, Stände und Lebensarten, so viel nur fähig und nötig sind, den Hauptklang seines Konzerts zu bilden. Wenn in jenem Eine singende feine Sprache, wie in einem höhern Äther tönet, so spricht dieser die Sprache aller Alter, Menschen und Menscharten, ist Dolmetscher der Natur in all' ihren Zungen—und auf so verschiedenen Wegen beide Vertraute Einer Gottheit?—Und wenn jener Griechen vorstellt und lehrt und rührt und bildet, so lehrt, rührt und bildet Shakespear nordische Menschen! Mir ist, wenn ich ihn lese, Theater, Akteur, Coulisse verschwunden! Lauter einzelne im Sturm der Zeiten wehende Blätter aus dem Buch der Begebenheiten, der Vorsehung der Welt!—einzelne Gepräge der Völker, Stände, Seelen! die alle die verschiedenartigsten und abgetrenntest handelnden Maschinen, alle—was wir in der Hand des Weltschöpfers sind—unwissende, blinde Werkzeuge zum Ganzen Eines theatralischen Bildes, Einer Grösse habenden Begebenheit, die nur der Dichter überschauet. Wer kann sich einen grössern Dichter der nordischen Menschheit und in dem Zeitalter! denken!

Wie vor einem Meere von Begebenheit, wo Wogen

in Wogen rauschen, so tritt vor seine Bühne. Die
Auftritte der Natur rücken vor und ab; wirken in
einander, so disparat sie scheinen; bringen sich hervor,
und zerstören sich, damit die Absicht des Schöpfers,
der alle im Plane der Trunkenheit und Unordnung
gesellet zu haben schien, erfüllt werde—dunkle kleine
Symbole zum Sonnenriss einer Theodicee Gottes.
Lear, der rasche, warme, edelschwache Greis, wie
er da vor seiner Landcharte steht, und Kronen weg-
schenkt und Länder zerreisst,—in der ersten Scene
der Erscheinung trägt schon allen Samen seiner
Schicksale zur Ernte der dunkelsten Zukunft in sich.
Siehe! der gutherzige Verschwender, der rasche Un-
barmherzige, der kindische Vater wird es bald sein
auch in den Vorhöfen seiner Töchter—bittend, betend,
bettelnd, fluchend, schwärmend, segnend,—ach, Gott!
und Wahnsinn ahndend. Wird's sein bald mit
blossem Scheitel unter Donner und Blitz, zur unter-
sten Klasse von Menschen herabgestürzt, mit einem
Narren und in der Höhle eines tollen Bettlers Wahnsinn gleichsam pochend vom Himmel herab.—Und
nun ist wie er's ist, in der ganzen leichten Majestät
seines Elends und Verlassens; und nun zu sich kom-
mend, angeglänzt vom letzten Strahle Hoffnung,
damit diese auf ewig, ewig erlösche! Gefangen, die
tote Wohlthäterin, Verzeiherin, Kind, Tochter auf
seinen Armen! auf ihrem Leichnam sterbend, der
alte Knecht dem alten Könige nachsterbend—Gott!
welch ein Wechsel von Zeiten, Umständen, Stürmen,
Wetter, Zeitläuften! und alle nicht bloss Eine Geschichte—Helden und Staatsaktion, wenn du willt!
von Einem Anfange zu Einem Ende, nach der
strengsten Regel deines Aristoteles; sondern tritt näher,

und fühle den Menschengeist, der auch jede Person und Alter und Charakter und Nebending in das Gemälde ordnete. Zween alte Väter und alle ihre so verschiedne Kinder! Des einen Sohn gegen einen betrognen Vater unglücklich dankbar, der andre gegen den gutherzigsten Vater scheusslich undankbar und abscheulich glücklich. Der gegen seine Töchter! diese gegen ihn! ihre Gemahl, Freier und alle Helfershelfer im Glück und Unglück. Der blinde Gloster am Arm seines unerkannten Sohnes, und der tolle Lear zu den Füssen seiner vertriebnen Tochter! und nun der Augenblick der Wegscheide des Glücks, da Gloster unter seinem Baume stirbt, und die Trompete rufet: alle Nebenumstände, Triebfedern, Charaktere und Situationen dahin eingedichtet—alles im Spiel! zu Einem Ganzen sich fortwickelnd—zu einem Vater- und Kinder-, Königs- und Narren- und Bettler- und Elend-Ganzen zusammen geordnet, wo doch überall bei den disparatsten Scenen Seele der Begebenheit atmet, wo Örter, Zeiten, Umstände, selbst möchte ich sagen, die heidnische Schicksals- und Sternenphilosophie, die durchweg herrschet, so zu diesem Ganzen gehören, dass ich nichts verändern, versetzen, aus andern Stücken hieher oder hieraus in andre Stücke bringen könnte. Und das wäre kein Drama? Shakespear kein dramatischer Dichter? Der hundert Auftritte einer Weltbegebenheit mit dem Arm umfasst, mit dem Blick ordnet, mit der Einen durchhauchenden, alles belebenden Seele erfüllet, und nicht Aufmerksamkeit, Herz, alle Leidenschaften, die ganze Seele von Anfang bis zu Ende fortreisst—wenn nicht mehr, so soll Vater Aristoteles zeugen, "die Grösse des lebendigen Geschöpfs darf nur mit Einem Blick

übersehen werden können "—und hier—Himmel! wie
wird das Ganze der Begebenheit mit tiefster Seele
fortgefühlt und geendet!—Eine Welt dramatischer
Geschichte, so gross und tief wie die Natur; aber der
Schöpfer giebt uns Auge und Gesichtspunkt, so gross
und tief zu sehen!

In Othello, dem Mohren, welche Welt! welch ein
Ganzes! lebendige Geschichte der Entstehung, Fort-
gangs, Ausbruchs, traurigen Endes der Leidenschaft
dieses Edlen Unglückseligen! und in welcher Fülle,
und Zusammenlauf der Räder zu Einem Werke!
Wie dieser Jago, der Teufel in Menschengestalt, die
Welt ansehn und mit allen, die um ihn sind, spielen!
und wie nun die Gruppe, ein Cassio und Rodrich,
Othello und Desdemone, in den Charakteren, mit dem
Zunder von Empfänglichkeiten seiner Höllenflamme,
um ihn stehen muss, und jedes ihm in den Wurf
kommt, und er alles braucht, und alles zum traurigen
Ende eilet.—Wenn ein Engel der Vorsehung menschliche Leidenschaften gegen einander abwog, und
Seelen und Charaktere gruppierte, und ihnen Anlässe,
wo jedes im Wahn des Freien handelt, zuführt, und
er sie alle mit diesem Wahne, als mit der Kette des
Schicksals zu seiner Idee leitet—so war der menschliche Geist, der hier entwarf, sann, zeichnete, lenkte.

Dass Zeit und Ort, wie Hülsen um den Kern, immer
mitgehen, sollte nicht einmal erinnert werden dürfen,
und doch ist hierüber eben das helleste Geschrei.
Fand Shakespear den Göttergriff Eine ganze Welt der
disparatesten Auftritte zu Einer Begebenheit zu er-
fassen; natürlich gehörte es eben zur Wahrheit seiner
Begebenheiten, auch Ort und Zeit jedesmal zu
idealisieren, dass sie mit zur Täuschung beitrügen.

Ist wohl jemand in der Welt zu einer Kleinigkeit
seines Lebens Ort und Zeit gleichgültig? und sind
sie's insonderheit in den Dingen, wo die ganze Seele
geregt, gebildet, umgebildet wird? in der Jugend, in
Scenen der Leidenschaft, in allen Handlungen aufs
Leben! Ist's da nicht eben Ort und Zeit und Fülle
der äussern Umstände, die der ganzen Geschichte
Haltung, Dauer, Exsistenz geben muss, und wird
ein Kind, ein Jüngling, ein Verliebter, ein Mann im
Felde der Thaten sich wohl Einen Umstand des
Lokals, des Wie? und Wo? und Wann? wegschneiden
lassen, ohne dass die ganze Vorstellung seiner Seele
litte? Da ist nun Shakespear der grösste Meister,
eben weil er nur und immer Diener der Natur ist.
Wenn er die Begebenheiten seines Drama dachte,
im Kopf wälzte, wie wälzen sich jedesmal Örter und
Zeiten so mit umher! Aus Scenen und Zeitläuften
aller Welt findet sich, wie durch ein Gesetz der Fata-
lität, eben die hieher, die dem Gefühl der Handlung
die kräftigste, die idealste ist; wo die sonderbarsten,
kühnsten Umstände am meisten den Trug der Wahrheit unterstützen, wo Zeit- und Ortwechsel, über die
der Dichter schaltet, am lautesten rufen: "hier ist
kein Dichter! ist Schöpfer! ist Geschichte der Welt!"
Als z. E. der Dichter den schrecklichen Königs-
mord, Trauerspiel Macbeth genannt, als Faktum
der Schöpfung in seiner Seele wälzte—bist du, mein
lieber Leser, so blöde gewesen, nun in keiner Scene,
Scene und Ort mit zu fühlen—wehe Shakespear, dem
verwelkten Blatte in deiner Hand. So hast du nichts
von der Eröffnung durch die Zauberinnen auf der
Haide unter Blitz und Donner! nichts nun vom bluti-
gen Manne mit Macbeths Thaten zur Botschaft des

Königes an ihn, nichts wider die Scene zu brechen,
und den prophetischen Zaubergeist zu eröffnen, und
die vorige Botschaft nun mit diesem Grusse in seinem
Haupt zu mischen—gefühlt! Nicht sein Weib mit
jener Abschrift des Schicksalsbriefes in ihrem Schlosse
wandern sehen, die hernach wie grauerlich anders
wandern wird! Nicht mit dem stillen Könige noch
zu guter letzt die Abendluft so sanft gewittert, rings
um das Haus, wo zwar die Schwalbe so sicher nistet,
aber du o König—das ist im unsichtbaren Werk!—
dich deiner Mördergrube näherst. Das Haus in un-
ruhiger, gastlicher Zubereitung, und Macbeth in
Zubereitung zum Morde! Die bereitende Nachtscene
Bankos mit Fackel und Schwert! Der Dolch! der
schauerliche Dolch der Vision! Glocke—kaum ist's
geschehen und das Pochen an der Thür!—Die Ent-
deckung, Versammlung—man trabe alle Örter und
Zeiten durch, wo das zu der Absicht, in der Schöpfung,
anders als da und so geschehen könnte. Die Mord-
scene Bankos im Walde; das Nachtgastmahl und
Bankos Geist—nun wieder die Hexenhaide (denn
seine erschreckliche Schicksalsthat ist zu Ende!) Nun
Zauberhöhle, Beschwörung, Prophezeiung, Wut und
Verzweiflung! Der Tod der Kinder Macdufs unter
den Flügeln ihrer einsamen Mutter! und jene zween
Vertriebne unter dem Baum, und nun die grauerliche
Nachtwanderin im Schlosse, und die wunderbare
Erfüllung der Prophezeiung—der heranziehende
Wald—Macbeths Tod durch das Schwert eines
Ungebornen—ich müsste alle, alle Scenen ausschrei-
ben, um das idealisierte Lokal des unnennbaren
Ganzen, der Schicksals- Königsmords- und Zauber-
welt zu nennen, die als Seele das Stück, bis auf den

kleinsten Umstand von Zeit, Ort, selbst scheinbarer Zwischenverwirrung, belebt, alles in der Seele zu Einem schauderhaften, unzertrennlichen Ganzen zu machen—und doch würde ich mit allem nichts sagen.

Dies Individuelle jedes Stücks, jedes einzelnen Weltalls, geht mit Ort und Zeit und Schöpfung durch alle Stücke. Lessing hat einige Umstände Hamlets in Vergleichung der Theaterkönigin Semiramis entwickelt—wie voll ist das ganze Drama dieses Lokalgeistes von Anfang zu Ende. Schlossplatz und bittre Kälte, ablösende Wache und Nachterzählungen, Unglaube und Glaube—der Stern—und nun erscheint's! Kann jemand sein, der nicht in jedem Wort und Umstande Bereitung und Natur ahnde! So weiter. Alles Kostume der Geister erschöpft! der Menschen zur Erscheinung erschöpft! Hahnkräh und Paukenschall, stummer Wink und der nahe Hügel, Wort und Unwort—welches Lokal! welches tiefe Eingraben der Wahrheit! Und wie der erschreckte König kniet, und Hamlet vorbeiirrt in seiner Mutter Kammer vor dem Bilde seines Vaters! und nun die andre Erscheinung! Er am Grabe seiner Ophelia! der rührende *good Fellow* in allen den Verbindungen mit Horaz, Ophelia, Laertes, Fortinbras! das Jugendspiel der Handlung, was durchs Stück fortläuft und fast bis zu Ende keine Handlung wird—wer da Einen Augenblick Bretterngerüste fühlt und sucht, und Eine Reihe gebundner artiger Gespräche auf ihm sucht, für den hat Shakespear und Sophokles, kein wahrer Dichter der Welt gedichtet.

Hätte ich doch Worte dazu, um die einzelne Hauptempfindung, die also jedes Stück beherrscht, und wie

eine Weltseele durchströmt, zu bemerken! Wie es
doch in Othello wirklich mit zu dem Stücke gehört,
so selbst das Nachtsuchen wie die fabelhafte Wunder-
liebe, die Seefahrt, der Seesturm, wie die brausende
Leidenschaft Othellos, die so sehr verspottete Todes-
art, das Entkleiden unter dem Sterbeliedchen und
dem Windessausen, wie die Art der Sünde und Leidenschaft selbst—sein Eintritt, Rede ans Nachtlicht u. s.
w. wäre es möglich, doch das in Worte zu fassen, wie
das alles zu Einer Welt der Trauerbegebenheit leben-
dig und innig gehöre—aber es ist nicht möglich. Kein
elendes Farbengemälde lässt sich durch Worte be-
schreiben oder herstellen, und wie die Empfindung
Einer lebendigen Welt in allen Scenen, Umständen
und Zaubereien der Natur? Gehe, mein Leser, was
du willt, Lear und die Richards, Cäsar und die
Heinrichs, selbst Zauberstücke und Divertissements, insonderheit Romeo, das süsse Stück der
Liebe, auch Roman in jedem Zeitumstande, und Ort
und Traum und Dichtung—gehe es durch, versuche
etwas der Art wegzunehmen, zu tauschen, es gar auf
ein französisches Bretterngerüste zu simplificieren—
eine lebendige Welt mit allem Urkundlichen ihrer
Wahrheit in dies Gerüste verwandelt—schöner
Tausch! schöne Wandlung! Nimm dieser Pflanze
ihren Boden, Saft und Kraft, und pflanze sie in die
Luft: nimm diesem Menschen Ort, Zeit, individuelle
Bestandheit—du hast ihm Othem und Seele genommen, und ist ein Bild vom Geschöpf.

Eben da ist also Shakespear Sophokles Bruder, wo
er ihm dem Anschein nach so unähnlich ist, um im
Innern, ganz wie Er, zu sein. Da alle Täuschung durch
dies Urkundliche, Wahre, Schöpferische der Ge-

schichte erreicht wird, und ohne sie nicht bloss nicht
erreicht würde, sondern kein Element mehr (oder ich
hätte umsonst geschrieben) von Shakespears Drama
und dramatischem Geist bliebe: so sieht man, die
ganze Welt ist zu diesem grossen Geiste allein Körper:
alle Auftritte der Natur an diesem Körper Glieder, wie
alle Charaktere und Denkarten zu diesem Geiste Züge
—und das Ganze mag jener Riesengott des Spinosa,
"Pan! Universum!" heissen. Sophokles blieb der
Natur treu, da er Eine Handlung Eines Orts und
Einer Zeit bearbeitete: Shakespear konnt ihr allein
treu bleiben, wenn er seine Weltbegebenheit und
Menschenschicksal durch alle die Örter und Zeiten
wälzte, wo sie—nun, wo sie geschehen: und Gnade
Gott dem kurzweiligen Franzosen, der in Shakespears
fünften Aufzug käme, um da die Rührung in der
Quintessenz herunter zu schlucken. Bei manchen
französischen Stücken mag dies wohl angehen, weil
da alles nur fürs Theater versificiert und in Scenen
schaugetragen wird; aber hier geht er eben ganz
leer aus. Da ist Weltbegebenheit schon vorbei: er
sieht nur die letzte, schlechteste Folge, Menschen, wie
Fliegen fallen: er geht hin und höhnt: Shakespear ist
ihm Ärgernis und sein Drama die dummeste Thorheit.

———————

Überhaupt wäre der ganze Knäuel von Ort- und
Zeitquästionen längst aus seinem Gewirre gekommen,
wenn ein philosophischer Kopf über das Drama sich
die Mühe hätte nehmen wollen, auch hier zu fragen:
"was denn Ort und Zeit sei?" Soll's das Bretterngerüste, und der Zeitraum eines Divertissements *au
théâtre* sein: so hat niemand in der Welt Einheit des
Orts, Mass der Zeit und der Scenen, als—die Fran-

zosen. Die Griechen—bei ihrer hohen Täuschung,
von der wir fast keinen Begriff haben—bei ihren
Anstalten für das Öffentliche der Bühne, bei ihrer
rechten Tempelandacht vor derselben, haben an
nichts weniger als das je gedacht. Wie muss die
Täuschung eines Menschen sein, der hinter jedem
Auftritt nach seiner Uhr sehen will, ob auch So Was
in So viel Zeit habe geschehen können? und dem es
sodann Hauptelement der Herzensfreude würde, dass
der Dichter ihn doch ja um keinen Augenblick betro-
gen, sondern auf dem Gerüste nur eben so viel gezeigt
hat, als er in der Zeit im Schneckengange seines
Lebens sehen würde—welch ein Geschöpf, dem das
Hauptfreude wäre! und welch ein Dichter, der darauf
als Hauptzweck arbeitete, und sich denn mit dem
Regelnkram brüstete "wie artig habe ich nicht so viel
und so viel schöne Spielwerke! auf den engen gegebnen Raum dieser Brettergrube, *théâtre François*
genannt, und in den gegebnen Zeitraum der Visite
dahin eingeklemmt und eingepasst! die Scenen filiert
und enfiliert! alles genau geflickt und geheftet"—
elender Ceremonienmeister! Savoyarde des Theaters,
nicht Schöpfer! Dichter! dramatischer Gott! Als
solchem schlägt dir keine Uhr auf Turm und Tempel,
sondern du hast Raum und Zeitmasse zu schaffen,
und wenn du eine Welt hervorbringen kannst, und
die nicht anders, als in Raum und Zeit exsistieret, siehe,
so ist da im Innern dein Mass von Frist und Raum;
dahin du alle Zuschauer zaubern, das du allen auf-
dringen musst, oder du bist—was ich gesagt habe, nur
nichts weniger als dramatischer Dichter.

Sollte es denn jemand in der Welt brauchen demon-
striert zu werden, dass Raum und Zeit eigentlich an

sich nichts, dass sie die relativeste Sache auf Dasein, Handlung, Leidenschaft, Gedankenfolge und Mass der Aufmerksamkeit in oder ausserhalb der Seele sind? Hast du denn, gutherziger Uhrsteller des Drama, nie Zeiten in deinem Leben gehabt, wo dir Stunden zu Augenblicken und Tage zu Stunden; gegenteils aber auch Stunden zu Tagen, und Nachtwachen zu Jahren geworden sind? Hast du keine Situationen in deinem Leben gehabt, wo deine Seele einmal ganz ausser dir wohnte, hier in diesem romantischen Zimmer deiner Geliebten, dort auf jener starren Leiche, hier in diesem Drückenden äusserer, beschämender Not—jetzt wieder über Welt und Zeit hinausflog, Räume und Weltgegenden überspringet, alles um sich vergass, und im Himmel, in der Seele, im Herzen dessen bist, dessen Exsistenz du nun empfindest? Und wenn das in deinem trägen, schläfrigen Wurm- und Baumleben möglich ist, wo dich ja Wurzeln gnug am toten Boden deiner Stelle festhalten, und jeder Kreis, den du schleppest, dir langsames Moment gnug ist, deinen Wurmgang auszumessen—nun denke dich Einen Augenblick in eine andre, eine Dichterwelt, nur in einen Traum! Hast du nie gefühlt, wie im Traum dir Ort und Zeit schwinden? was das also für unwesentliche Dinge, für Schatten gegen das, was Handlung, Wirkung der Seele ist, sein müssen? wie es bloss an dieser Seele liege, sich Raum, Welt und Zeitmass zu schaffen, wie und wo sie will? Und hättest du das nur Einmal in deinem Leben gefühlt, wärest nach Einer Vierteilstunde erwacht, und der dunkle Rest deiner Traumhandlungen hätte dich schwören gemacht, du habest Nächte hinweg geschlafen, geträumt und gehandelt!—dürfte dir Mahomeds Traum, als Traum,

noch Einen Augenblick ungereimt sein! und wäre es
nicht eben jedes Genies, jedes Dichters, und des
dramatischen Dichters insonderheit erste und einzige
Pflicht, dich in einen solchen Traum zu setzen? Und
nun denke, welche Welten du verwirrest, wenn du
dem Dichter deine Taschenuhr, oder dein Visiten-
zimmer vorzeigest, dass er dahin und darnach dich
träumen lehre?

Im Gange seiner Begebenheit, im *ordine successi-*
vorum und *simultaneorum* seiner Welt, da liegt sein
Raum und Zeit. Wie, und wo er dich hinreisse? wenn
er dich nur dahin reisst, da ist seine Welt. Wie
schnell und langsam er die Zeiten folgen lasse; er
lässt sie folgen; er drückt dir diese Folge ein: das ist
sein Zeitmass—und wie ist hier wieder Shakespear
Meister! langsam und schwerfällig fangen seine Begebenheiten an, in seiner Natur wie in der Natur: denn
er giebt diese nur im verjüngten Masse. Wie mühe-
voll, ehe die Triebfedern in Gang kommen! je mehr
aber, wie laufen die Scenen! wie kürzer die Reden
und geflügelter die Seelen, die Leidenschaft, die
Handlung! und wie mächtig sodann dieses Laufen,
das Hinstreuen gewisser Worte, da niemand mehr Zeit
hat. Endlich zuletzt, wenn er den Leser ganz getäuscht
und im Abgrunde seiner Welt und Leidenschaft
verloren sieht, wie wird er kühn, was lässt er auf
einander folgen! Lear stirbt nach Cordelia, und Kent
nach Lear! es ist gleichsam Ende seiner Welt, jüng-
ster Tag da, da alles auf einander rollet und hinstürzt,
der Himmel eingewickelt und die Berge fallen; das
Mass der Zeit ist hinweg.—Freilich wieder nicht für
den lustigen, muntren Kaklogallinier, der mit heiler
frischer Haut in den fünften Akt käme, um an der

Uhr zu messen, wie viel da in welcher Zeit sterben?
aber Gott, wenn das Kritik, Theater, Illusion sein soll
—was wäre denn Kritik? Illusion? Theater? was
bedeuteten alle die leeren Wörter?

Nun finge eben das Herz meiner Untersuchung an,
"wie? auf welche Kunst- und Schöpferweise Shakespear eine elende Romanze, Novelle und Fabelhistorie
zu solch einem lebendigen Ganzen habe dichten
können? Was für Gesetze unsrer historischen, philo-
sophischen, dramatischen Kunst in jedem seiner
Schritte und Kunstgriffe liege?" Welche Untersuchung! wie viel für unsern Geschichtbau, Philosophie der Menschenseelen und Drama.—Aber ich
bin kein Mitglied aller unsrer historischen, philo-
sophischen und schönkünstlichen Akademien, in
denen man freilich an jedes andre eher, als an so
etwas denkt! Selbst Shakespears Landsleute denken
nicht daran. Was haben ihm oft seine Kommentatoren
für historische Fehler gezeihet! der fette Warburton
z. E. welche historische Schönheiten Schuld gegeben!
und noch der letzte Verfasser des Versuchs über
ihn, hat er wohl die Lieblingsidee, die ich bei ihm
suchte: "wie hat Shakespear aus Romanzen und
Novellen Drama gedichtet?" erreicht? Sie ist ihm
wie dem Aristoteles dieses britischen Sophokles, dem
Lord Home, kaum eingefallen.

Also nur Einen Wink in die gewöhnlichen Klassifi-
kationen in seinen Stücken. Noch neuerlich hat ein
Schriftsteller, der gewiss seinen Shakespear ganz
gefühlt hat, den Einfall gehabt, jenen ehrlichen *fish-
monger* von Hofmann, mit grauem Bart und Runzel-
gesicht, triefenden Augen und seinem *plentiful lack*

of wit together with weak Hams, das Kind Polonius, zum
Aristoteles des Dichters zu machen, und die Reihe
von *Als* und *Cals*, die er in seinem Geschwätz weg-
sprudelt, zur ernsten Klassifikation aller Stücke
vorzuschlagen. Ich zweifle. Shakespear hat freilich
die Tücke, leere *locos communes*, Moralen und Klassi-
fikationen, die auf hundert Fälle angewandt, auf alle
und keinen recht passen, am liebsten Kindern und
Narren in den Mund zu legen; und eines neuen
Stobaei und *Florilegii*, oder *Cornu copiae* von Shakespears Weisheit, wie die Engländer teils schon haben
und wir Deutsche Gottlob! neulich auch hätten haben
sollen—deren würde sich solch ein Polonius und
Launcelot, Arlequin und Narr, blöder Richard, oder
aufgeblasner Ritterkönig am meisten zu erfreuen haben,
weil jeder ganze, gesunde Mensch bei ihm nie mehr
zu sprechen hat, als er aus Mund in Hand braucht,
aber doch zweifle ich hier noch. Polonius soll hier
wahrscheinlich nur das alte Kind sein, das Wolken
für Kamele und Kamele für Bassgeigen ansieht, in
seiner Jugend auch einmal den Julius Cäsar gespielt
hat, und war ein guter Akteur, und ward von Brutus
umgebracht, und wohl weiss,

why Day is Day, Night Night and Time is Time,

also auch hier einen Kreisel theatralischer Worte
drehet—wer wollte aber darauf bauen? oder was
hätte man denn nun mit der Einteilung? *Tragedy,
Comedy, History, Pastoral, Tragical-Historical,* und
Historical-Pastoral, und *Pastoral-Comical* und *Comi-
cal-Historical-Pastoral,* und wenn wir die *Cals* noch
hundertmal mischen, was hätten wir endlich? kein
Stück wäre doch griechische *Tragedy, Comedy* und

Pastoral, und sollte es nicht sein. Jedes Stück ist *History* im weitesten Verstande, die sich nun freilich bald in *Tragedy, Comedy,* u. s. w. mehr oder weniger nuanciert.—Die Farben aber schweben da so ins Unendliche hin, und am Ende bleibt doch jedes Stück und muss bleiben,—was es ist. Historie! Helden- und Staatsaktion zur Illusion mittlerer Zeiten! oder (wenige eigentliche *Plays* und *Divertissemens* ausgenommen) ein völliges Grösse habende Ereignis einer Weltbegebenheit, eines menschlichen Schicksals.

Trauriger und wichtiger wird der Gedanke, dass auch dieser grosse Schöpfer von Geschichte und Weltseele immer mehr veralte! dass da Worte und Sitten und Gattungen der Zeitalter, wie ein Herbst von Blättern welken und absinken, wir schon jetzt aus diesen grossen Trümmern der Ritternatur so weit heraus sind, dass selbst Garrik, der Wiedererwecker und Schutzengel auf seinem Grabe, so viel ändern, auslassen, verstümmeln muss, und bald vielleicht, da sich alles so sehr verwischt und anders wohin neiget, auch sein Drama der lebendigen Vorstellung ganz unfähig werden, und eine Trümmer von Kolossus, von Pyramide sein wird, die jeder anstaunet und keiner begreift. Glücklich, dass ich noch im Ablaufe der Zeit lebte, wo ich ihn begreifen konnte, und wo du, mein Freund, der du dich bei diesem Lesen erkennest und fühlst, und den ich vor seinem heiligen Bilde mehr als Einmal umarmet, wo du noch den süssen und deiner würdigen Traum haben kannst, sein Denkmal aus unsern Ritterzeiten in unsrer Sprache, unserm so weit abgearteten Vaterlande herzustellen. Ich beneide dir den Traum, und dein edles deutsches Wirken lass nicht nach, bis der Kranz dort oben hange. Und solltest du alsdenn auch später sehen, wie unter deinem Gebäude der Boden wankt, und der Pöbel umher still steht und gafft, oder höhnt, und die daurende Pyramide nicht alten ägyptischen Geist wieder aufzuwecken vermag.—Dein Werk wird bleiben, und ein treuer Nachkomme dein Grab suchen, und mit andächtiger Hand dir schreiben, was das Leben fast aller Würdigen der Welt gewesen:

voluit! quiescit!

2. VON ÄHNLICHKEIT DER MITTLEREN ENGLISCHEN UND DEUTSCHEN DICHTKUNST, NEBST VERSCHIEDENEM, DAS DARAUS FOLGET (1777)

WENN wir gleich anfangs die alten Briten als ein eignes Volk an Sprache und Dichtungsart absondern, wie die Reste der walischen Poesie und ihre Geschichte es darstellt: so wissen wir, dass die Angelsachsen ursprünglich Deutsche waren, mithin der Stamm der Nation an Sprache und Denkart deutsch ward. Ausser den Briten, mit denen sie sich mengten, kamen bald dänische Kolonien in Horden herüber; dies waren nördlichere Deutsche, noch desselben Völkerstammes. Späterhin kam der Überguss der Normänner, die ganz England umkehrten, und ihre nordische in Süden umgebildete Sitten ihm abermals aufdrangen; also kam nordische, deutsche Denkart in drei Völkern, Zeitläuften und Graden der Kultur herüber: ist nicht auch England recht ein Kernhalt nordischer Poesie und Sprache in dieser dreifachen Mischung worden?

Ein Wink sogleich aus diesen frühen Zeiten für Deutschland! Der ungeheure Schatz der angelsächsischen Sprache in England ist also mit unser, und da die Angelsachsen bereits ein paar Jahrhunderte vor unserm angeblichen Sammler und Zerstörer der Bardengesänge, vor Karl dem Grossen, hinüber

gingen; wie? wäre alles, was dort ist, nur Pfaffenzeug?
in dem grossen noch ungenutzten Vorrat keine weitere
Fragmente, Wegweiser, Winke? endlich auch ohne
dergleichen, wie wär' uns Deutschen das Studium
dieser Sprache, Poesie und Litteratur nützlich!—

Hiezu aber, wo sind äussere Anmunterungen und
Gelegenheiten? Wie weit stehen wir, in Anlässen der
Art, den Engländern nach! Unsre Parker, Selden,
Spelmann, Whelok, Hickes, wo sind sie? wo sind sie
itzo? Stussens Plan zur wohlfeilern Ausgabe der
Angelsachsen kam nicht zu Stande: Lindenbrogs
angelsächsisches Glossarium liegt ungedruckt, und wie
viel haben wir Deutsche noch am Stamm unsrer eignen
Sprache zu thun, ehe wir unsre Nebensprösslinge
pflegen und darauf das Unsere suchen. Wie manches
liegt noch in der kaiserlichen Bibliothek, das man
kaum dem Titel nach kennet! und wie manche Zeit
dürfte noch hingehn, ehe es uns im mindsten zu
Statten kommt, dass deutsches Blut auf so viel
europäischen Thronen herrschet!

Hurd hat den Ursprung und die Gestalt der mittlern Ritterpoesie aus dem damaligen Zustande Europens in einigen Stücken gut, obwohl nichts minder
als vollständig erkläret. Es war Feudalverfassung,
die nachher Ritterzeit gebar, und die die Vorrede
unsers aufgeputzten Heldenbuchs im Märchenton von
Riesen, Zwergen, Untieren und Würmern sehr wahr
schildert. Mir ist noch keine Geschichte bekannt, wo
diese Verfassung recht charakteristisch für Deutschlands Poesie, Sitten und Denkart behandelt und in
alle Züge nach fremden Ländern verfolgt wäre.—Aber
freilich haben wir noch nichts weniger als eine Geschichte der deutschen Poesie und Sprache! Auch

sind unter so vielen Akademien und Societäten in
Deutschland wie wenige, die selbst in tüchtigen
Fragen sich die Mühe nehmen, einzelne Örter auf-
zuräumen und ungebahnte Wege zu zeigen.

Ich weiss wohl, was wir, zumal im juristisch-
diplomatisch-historischen Fache, hier für mühsame
Vorarbeiten haben; diese Vorarbeiten aber sind alle
noch erst zu nutzen und zu beleben. Unsre ganze
mittlere Geschichte ist Pathologie, und meistens nur
Pathologie des Kopfs, d. i. des Kaisers und einiger
Reichsstände. Physiologie des ganzen Nationalkörpers
—was für ein ander Ding! und wie sich hiezu Denkart,
Bildung, Sitte, Vortrag, Sprache verhielt, welch ein
Meer ist da noch zu beschiffen und wie schöne
Inseln und unbekannte Flecke hie und da zu finden!
Wir haben noch keinen Curne de St Palaye über unser
Rittertum, noch keinen Warton über unsre mittlere
Dichtkunst. Goldast, Schilter, Schatz, Opitz, Eckard
haben treffliche Fussstapfen gelassen: Frehers Manu-
skripte sind zerstreuet: einige reiche Bibliotheken
zerstreuet und geplündert; wenn sammlen sich einst
die Schätze dieser Art zusammen, und wo arbeitet der
Mann, der Jüngling vielleicht im stillen, die Göttin
unsres Vaterlands damit zu schmücken und also
darzustellen dem Volke? Freilich, wenn wir in den
mittlern Zeiten nur Shakespeare und Spenser gehabt
hätten; an Theobalden und Upton, Warton und
Johnson sollte es nicht fehlen: hier ist aber eben die
Frage, warum wir keine Shakespeare und Spenser
gehabt haben?

Der Strich romantischer Denkart läuft über Europa;
wie nun aber über Deutschland besonders? Kann man
beweisen, dass es wirklich seine Lieblingshelden,

Originalsujets, National- und Kindermythologien
gehabt und mit eignem Gepräge bearbeitet habe?
Parcival, Melusine, Magellone, Artus, die
Ritter von der Tafelrunde, die Rolands märchen
sind fremdes Gut; sollten die Deutschen denn von
jeher bestimmt gewesen sein, nur zu übersetzen,
nur nachzuahmen? Unser Heldenbuch singt von
Dietrich, von dem aber auch alle Nordländer singen;
wie weit hinauf zieht sich's, dass dieser Held deutsch
oder romanisch ist besungen worden? Gehört er uns
zu, wie Roland, Arthur, Fingal, Achill, Äneas andern
Nationen? Noch bei Hastings sangen die Angelsachsen *the Horne-Child*, dessen Sage noch in der
Harleyischen Sammlung zu Oxford liegt: wo ist er
her? wie weit ist er unser? Ich freue mich unendlich
auf die Arbeiten eines gelehrten jungen Mannes in
diesem Felde, dem ich bei kritischem Scharfsinn
zugleich völlige Toleranz jeder Sitte, Zeit und Denkart zur Muse und dann die Bibliotheken zu Rom,
Oxford, Wien, St Gallen, im Eskurial u. f. zu Ge-
fährten wünschte. Rittergeist der mittlern Zeiten,
in welchem Palaste würdest du weben!

Auch die gemeinen Volkssagen, Märchen und
Mythologie gehören hieher. Sie sind gewissermassen
Resultat des Volksglaubens, seiner sinnlichen An-
schauung, Kräfte und Triebe, wo man träumt, weil
man nicht weiss, glaubt, weil man nicht siehet, und
mit der ganzen, unzerteilten und ungebildeten Seele
wirket: also ein grosser Gegenstand für den Ge-
schichtschreiber der Menschheit, den Poeten und
Poetiker und Philosophen. Sagen Einer Art haben
sich mit den nordischen Völkern über viel Länder und
Zeiten ergossen, jeden Orts aber und in jeder Zeit

sich anders gestaltet; wie trifft das nun auf Deutschland? Wo sind die allgemeinsten und sonderbarsten Volkssagen entsprungen? wie gewandert?
wie verbreitet und geteilet? Deutschland überhaupt
und einzelne Provinzen Deutschlands haben hierin
die sonderbarsten Ähnlichkeiten und Abweichungen:
Provinzen, wo noch der ganze Geist der Edda von
Unholden, Zauberern, Riesenweibern, Valkyriur selbst
dem Ton der Erzählung nach voll ist; andre Provinzen,
wo schon mildere Märchen, fast Ovidische Verwand-
lungen, sanfte Abenteuer und Feinheit der Ein-
kleidung herrschet. Die alte wendische, schwäbische,
sächsische, holsteinische Mythologie, sofern sie noch
in Volkssagen und Volksliedern lebt, mit Treue aufgenommen, mit Helle angeschaut, mit Fruchtbarkeit
bearbeitet, wäre wahrlich eine Fundgrube für den
Dichter und Redner seines Volks, für den Sitten-
bilder und Philosophen.

Wenn nun auch hier England und Deutschland
grosse Gemeinschaft haben, wie weiter wären wir,
wenn wir diese Volksmeinungen und Sagen auch so
gebraucht hätten, wie die Briten, und unsre Poesie
so ganz darauf gebaut wäre, als dort Chaucer, Spenser,
Shakespear auf Glauben des Volks baueten, daher
schufen und daher nahmen. Wo sind unsre Chaucer,
Spenser und Shakespeare? Wie weit stehen unsre
Meistersänger unter jenen! und wo auch diese Gold
enthalten, wer hat sie gesammlet? wer mag sich um
sie kümmern? Und doch sind wirklich beide Nationen
in diesen Grundadern der Dichtung sich bis auf
Wendungen, Reime, Lieblingssilbenmasse und Vor-
stellungsarten so ähnlich, wie ein jeder wissen muss,
der Rittererzählungen, Balladen, Märchen beider

Völker kennet. Der ganze Ton dieser Poesien ist so
einförmig, dass man oft Wort für Wort übersetzen,
Wendung für Wendung, Inversion gegen Inversion
übertragen kann. In allen Ländern Europens hat
der Rittergeist nur Ein Wörterbuch, und so auch die
Erzählung im Ton desselben, Ballade, Romanze überall
dieselbe Haupt- und Nebenworte, einerlei Fallen-
dungen und Freiheiten im Silbenmasse, in Verwer-
fung der Töne und Flicksilben, selbst einerlei Lieb-
lingsbilder, romantische Pflanzen und Kräuter, Tiere
und Vögel. Wer Shakespear in dieser Absicht
studiert, und etwa nur Warton über Spenser gelesen
hat, und dann nur die schlechtesten Romanzen und
Lieder unsres Volks kennet, wird Beispiele und Belege
genug darüber zu geben wissen, und ich selbst könnte
es durch alle Kapitel und Klassen geben. Was diese
Vergleichung nun für einen Strom Bemerkungen über
die Bildung beider Sprachen und der Schriftsteller in
beiden Sprachen geben müsse, wenn sich eine Sprach-
gesellschaft oder *belles-Lettres-Académie* einer solchen
Kleinigkeit annähme, erhellet von selbst. Hier ist dazu
weder Ort noch Zeit.

Ich sage nur so viel: Hätten wir wenigstens die
Stücke gesammlet, aus denen sich Bemerkungen oder
Nutzbarkeiten der Art ergäben—aber wo sind sie?
Die Engländer—mit welcher Begierde haben sie ihre
alte Gesänge und Melodien gesammlet, gedruckt und
wieder gedruckt, genutzt, gelesen! Ramsay, Percy und
ihres Gleichen sind mit Beifall aufgenommen, ihre
neuern Dichter Shenstone, Mason, Mallet, haben sich,
wenigstens schön und müssig, in die Manier hinein-
gearbeitet: Dryden, Pope, Addison, Swift sie nach
ihrer Art gebrauchet: die ältern Dichter, Chaucer,

Spenser, Shakespear, Milton, haben in Gesängen der
Art gelebet, andre edle Männer, Philipp Sidney,
Selden, und wie viel müsste ich nennen, haben gesammlet, gelobt, bewundert; aus Samenkörnern der
Art ist der Briten beste lyrische, dramatische, mythische,
epische Dichtkunst erwachsen; und wir—wir über-
füllte, satte, klassische Deutsche—wir?—Man lasse
in Deutschland nur Lieder drucken, wie sie Ramsay,
Percy u. a. zum Teil haben drucken lassen, und höre, was
unsre geschmackvolle, klassische Kunstrichter sagen!
An allgemeinen Wünschen fehlt's freilich nicht.
Als vor weniger Zeit die Barden-Windsbraut brauste:
wie wurde nach den Gesängen gerufen, die der grosse
Karl gesammlet haben soll! Wie wurden diese völlig
unbekannter Weise gelobt, nachgeahmt, gesungen—
ihr Fund so leicht gemacht, als ob sie nur aus der
Hand gelegt wären, an ihnen nichts weniger als ein
deutscher Ossian gehoffet u. f. Trefflich alles in der
Ferne! Wenn da auf einmal ein Macpherson in Tyrol
oder in Bayern aufstünde, und uns da so einen
deutschen Ossian sänge, ginge es hin, so weit liessen
wir uns etwa noch mit ziehen. Nun aber wären diese
Gesänge in einer Sprache, wie sie nach Analogie der
Schilterschen Sammlung notwendig sein müssten;
müssten sie, weil vor Ottfried alles undisciplinierte
Sprache war, als lebendiger Gesang im Munde der
Barden erst buchstabiert, als eine Zaubergestalt voriger
Zeiten im Spiegel der Glossatoren studiert werden,
ohne das sie so wenig als Ulphilas Evangelien in unsern Kirchen Wunder thun könnten; wie viel Lobred-
ner und Jünger würden stracks zurückgehen und
sagen: "Ich kenne euch nicht! Ich hatte mir so einen
klassischen Ossian vermutet!"

Sage ich unrecht, oder ist nicht das Exempel völlig da gewesen? Als der Manessische Kodex ans Licht kam: welch ein Schatz von deutscher Sprache, Dichtung, Liebe und Freude erschien in diesen Dichtern des schwäbischen Zeitalters! Wenn die Namen Schöpflin und Bodmer auch kein Verdienst mehr hätten: so müsste sie dieser Fund und den letzten die Mühe, die er sich gab, der Eifer, den er bewies, der Nation lieb und teuer machen. Hat indessen wohl diese Sammlung alter Vaterlandsgedichte die Wirkung gemacht, die sie machen sollte? Wäre Bodmer ein Abt Millot, der den Säklenfleiss seines Curne de St Palaye in eine *histoire littéraire des Troubadours* nach gefälligstem Auszuge hat verwandeln wollen; vielleicht wäre er weiter umher gekommen, als itzt, da er den Schatz selbst gab und uns zutraute, dass wir uns nach dem Bissen schwäbischer Sprache leicht hinauf bemühen würden. Er hat sich geirrt: wir sollen von unsrer klassischen Sprache weg, sollen noch ein ander Deutsch lernen, um einige Liebesdichter zu lesen—das ist zu viel! Und so sind diese Gedichte nur etwa durch den einigen Gleim in Nachbildung, wenig andre durch Übersetzung recht unter die Nation gekommen: der Schatz selbst liegt da, wenig gekannt, fast ungenutzt, fast ungelesen.

Aus ältern Zeiten haben wir also durchaus keine lebende Dichterei, auf der unsre neuere Dichtkunst, wie Sprosse auf dem Stamm der Nation gewachsen wäre; dahingegen andre Nationen mit den Jahrhunderten fortgegangen sind, und sich auf eigenem Grunde, aus Nationalprodukten, auf dem Glauben und Geschmack des Volks, aus Resten alter Zeiten gebildet haben. Dadurch ist ihre Dichtkunst und Sprache national

worden, Stimme des Volks ist genutzet und geschätzt,
sie haben in diesen Dingen weit mehr ein Publikum
bekommen, als wir haben. Wir arme Deutsche sind
von jeher bestimmt gewesen, nie unser zu bleiben:
immer die Gesetzgeber und Diener fremder Nationen,
ihre Schicksalsentscheider und ihre verkaufte, blu-
tende, ausgesogne Sklaven,

> —Jordan, Po und Tiber
> wie strömten oft sie deutsches Blut
> und deutsche Seelen—

und so musste freilich, wie alles, auch der deutsche
Gesang werden

> ein Pangeschrei! ein Widerhall
> vom Schilfe Jordans und der Tiber
> und Thems' und Sein'—

wie alles, auch der deutsche Geist werden

> —ein Mietlingsgeist, der wiederkäut,
> was andrer Fuss zertrat—

Der schöne fette Ölbaum, der süsse Weinstock und
Feigenbaum ging, als ob er Dornbusch wäre, hin,
dass er über den Bäumen schwebe, und wo ist also seine
gute Art und Frucht? seine Kraft, Fette und Süsse?
Sie wird und ward in fremden Ländern zertreten.

Hohe, edle Sprache! grosses, starkes Volk! Es gab
ganz Europa Sitten, Gesetze, Erfindungen, Regenten,
und nimmt von ganz Europa Regentschaft an. Wer
hat's wert gehalten, seine Materialien zu nutzen, sich
in ihnen zu bilden, wie wir sind? Bei uns wächst alles
a priori, unsre Dichtkunst und klassische Bildung ist
vom Himmel geregnet. Als man im vorigen Jahrhunderte Sprache und Dichtkunst zu bilden anfing
—im vorigen Jahrhunderte? und was hätte man denn

wohl mehr thun können, wenn's Zweck gewesen wäre,
die letzten Züge von Nationalgeist wirklich aus-
zurotten, als man heuer und itzt wirklich gethan hat?
Und itzt, da wir uns schon auf so hohem Gipfel der
Verehrung andrer Völker wähnen, itzt da uns die
Franzosen, die wir so lang nachgeahmt haben, Gott
Lob und Dank! wieder nachahmen und ihren eignen
Unrat fressen: itzt, da wir das Glück geniessen, dass
deutsche Höfe schon anfangen, deutsch zu buchsta-
bieren und ein paar deutsche Namen zu nennen—
Himmel, was sind wir nun für Leute! Wer sich nun
noch ums rohe Volk bekümmern wollte, um ihre
Grundsuppe von Märchen, Vorurteilen, Liedern,
rauher Sprache: welch ein Barbar wäre er! er käme,
unsre klassische, silbenzählende Litteratur zu be-
schmitzen, wie eine Nachteule unter die schönen,
buntgekleideten, singenden Gefieder!—
   Und doch bleibt's immer und ewig, dass der Teil
von Litteratur, der sich aufs Volk beziehet, volks-
mässig sein muss, oder er ist klassische Luftblase.
Doch bleibt's immer und ewig, dass, wenn wir kein
Volk haben, wir kein Publikum, keine Nation, keine
Sprache und Dichtkunst haben, die unser sei, die
in uns lebe und wirke. Da schreiben wir denn nun
ewig für Stubengelehrte und ekle Recensenten, aus
deren Munde und Magen wir's denn zurück empfan-
gen, machen Romanzen, Oden, Heldengedichte,
Kirchen- und Küchenlieder, wie sie niemand versteht,
niemand will, niemand fühlet. Unsre klassische Litteratur ist Paradiesvogel, so bunt, so artig, ganz Flug,
ganz Höhe und—ohne Fuss auf die deutsche Erde.
   Wie anders hierin andre Nationen. Welche Lieder
hat z. E. Percy in seine *Reliques* genommen, die ich

unserm gebildeten Deutschland nicht vorzuzeigen wagte. Uns wären sie unausstehlich, jenen sind sie's nicht. Das sind einmal alte Nationalstücke, die das Volk singt, und sang, woraus man also die Denkart des Volks, ihre Sprache der Empfindung kennen lernet, dies Liedchen hat etwa gar Shakespear gekannt, daraus einige Reihen geborget u. f. Mit milder Schonung setzt man sich also in die alten Zeiten zurück, in die Denkart des Volks hinab, liest, hört, lächelt etwa, erfreuet sich mit oder überschlägt und lernet. Überall indes sieht man, aus welchen rohen, kleinen, verachteten Samenkörnern der herrliche Wald ihrer Nationaldichtkunst worden? aus welchem Marke der Nation Spenser und Shakespear wuchsen.

Grosses Reich, Reich von zehn Völkern, Deutschland! Du hast keinen Shakespear, hast du auch keine Gesänge deiner Vorfahren, deren du dich rühmen könntest? Schweizer, Schwaben, Franken, Bayern, Westphäler, Sachsen, Wenden, Preussen, ihr habt allesamt nichts? Die Stimme eurer Väter ist verklungen und schweigt im Staube? Volk von tapfrer Sitte, von edler Tugend, und Sprache, du hast keine Abdrücke deiner Seele die Zeiten hinunter?

Kein Zweifel! Sie sind gewesen, sie sind vielleicht noch da; nur sie liegen unter Schlamm, sind verkannt und verachtet. Noch neulich ist eine Schüssel voll Schlamm öffentlich aufgetragen, damit die Nation ja nicht zu etwas Besserm Lust bekomme, als ob solcher Schlamm das Gold wäre, das man führt, und das ja auch selbst der klassische Virgil in den Eingeweiden Ennius' nicht verschmähte. Nur wir müssen Hand anlegen, aufnehmen, suchen, ehe wir alle klassisch gebildet dastehn, französische Lieder singen, wie

französische Menuets tanzen, oder gar allesamt Hexameter und Horazische Oden schreiben. Das Licht
der sogenannten Kultur will jedes Winkelchen er-
leuchten, und Sachen der Art liegen nur im Winkel.
Legt also Hand an, meine Brüder, und zeigt unsrer
Nation, was sie ist und nicht ist; wie sie dachte und
fühlte, oder wie sie denkt und fühlt. Welche herrliche
Stücke haben da die Engländer bei ihrem Suchen
gefunden! Freilich nicht fürs Papier gemacht und auf
ihm kaum lesbar; aber dafür voll lebendigen Geistes,
im vollen Kreise des Volks entsprungen, unter ihnen
lebend und wirkend. Wer hat nicht von den Wundern
der Barden und Skalden, von den Wirkungen der
Troubadours, Minstrels und Meistersänger gehört
oder gelesen? Wie das Volk dastand und horchte! was
es alles in dem Liede hatte und zu haben glaubte! wie
heilig es also die Gesänge und Geschichten erhielt,
Sprache, Denkart, Sitten, Thaten an ihnen mit erhielt
und fortpflanzte. Hier war zwar einfältiger, aber
starker, rührender, wahrer Sang und Klang, voll Gang
und Handlung, ein Notdrang ans Herz, schwere
Accente oder scharfe Pfeile für die offne, wahrheit-
trunkne Seele. Ihr neuen Romanzer, Kirchenlieder-
und Odenversler, könnet ihr das? wirkt ihr das? und
werdet ihr's auf eurem Wege jemals wirken? Für
euch sollen wir alle im Lehnstuhl ruhig schlummern,
mit der Puppe spielen, oder das Versebildlein als
Kabinettstück auffangen, dass es im klassischen
vergoldtem Rahm da zierlich müssig hange.

Wenn Bürger, der die Sprache und das Herz dieser
Volksrührung tief kennet, uns einst einen deutschen
Helden- oder Thatengesang voll aller Kraft und alles
Ganges dieser kleinen Lieder gäbe: ihr Deutsche, wer

würde nicht zulaufen, horchen und staunen? Und
er kann ihn geben: seine Romanzen, Lieder, selbst
sein verdeutschter Homer ist voll dieser Accente, und
bei allen Völkern ist Epopee und selbst Drama nur
aus Volkserzählung, Romanze und Lied worden.—Ja
wären wir nicht auch weiter, wenn selbst unsre
Geschichte und Beredsamkeit den simpeln, starken,
nicht übereilten, aber zum Ziel strebenden Gang des
deutschen Geistes in That und Rede genommen oder
vielmehr behalten hätte: denn in den alten Chroniken,
Reden und Schriften ist er schon da. Die liebe Moral
und die feine pragmatische Philosophie würde sich
jeder Machiavell doch selbst heraus finden können.
Ja endlich wäre selbst unsre Erziehung deutscher, an
Materialien dieser Art reicher, stärker und einfältiger
in Rührung der Sinne und Beschäftigung der lebend-
sten Kräfte, mich dünkt, unsre Vorfahren in ihren
Gräbern würden sich dess erfreuen und eine neue
Welt ihrer wahreren Söhne segnen.

Endlich (denn lasset uns auch hier Klopstocks
Spruch erfüllen

     Nie war gegen das Ausland
     ein anderes Land gerecht, wie Du!)

zeigte sich hier auch noch ein Ausweg zu Liedern
fremder Völker, die wir so wenig kennen und nur
aus Liedern können kennen lernen.

Die Karte der Menschheit ist an Völkerkunde
ungemein erweitert: wie viel mehr Völker kennen wir
als Griechen und Römer! wie kennen wir sie aber?
Von aussen, durch Fratzenkupferstiche und fremde
Nachrichten, die den Kupferstichen gleichen? oder
von innen? durch ihre eigne Seele? aus Empfindung,
Rede und That?—So sollte es sein und ist's wenig.

Der pragmatische Geschicht- und Reisebeschreiber beschreibt, malt, schildert; er schildert immer, wie er sieht, aus eignem Kopfe, einseitig, gebildet, er lügt also, wenn er auch am wenigsten lügen will.

Das einzige Mittel dagegen ist leicht und offenbar. Alle unpolicierte Völker singen und handeln; was sie handeln, singen sie und singen Abhandlung. Ihre Gesänge sind das Archiv des Volks, der Schatz ihrer Wissenschaft und Religion, ihrer Theogonie und Kosmogonien, der Thaten ihrer Väter und der Begebenheiten ihrer Geschichte, Abdruck ihres Herzens, Bild ihres häuslichen Lebens in Freude und Leid, beim Brautbett und Grabe. Die Natur hat ihnen einen Trost gegen viele Übel gegeben, die sie drücken, und einen Ersatz vieler sogenannten Glückseligkeiten, die wir geniessen: d. i. Freiheitsliebe, Müssiggang, Taumel und Gesang. Da malen sich alle, da erscheinen alle, wie sie sind. Die kriegrische Nation singt Thaten; die zärtliche Liebe. Das scharfsinnige Volk macht Rätsel, das Volk von Einbildung Allegorien, Gleichnisse, lebendige Gemälde. Das Volk von warmer Leidenschaft kann nur Leidenschaft, wie das Volk unter schrecklichen Gegenständen sich auch schreckliche Götter dichtet.—Eine kleine Sammlung solcher Lieder aus dem Munde eines jeden Volks, über die vornehmsten Gegenstände und Handlungen ihres Lebens, in eigner Sprache, zugleich gehörig verstanden, erklärt, mit Musik begleitet: wie würde es die Artikel beleben, auf die der Menschenkenner bei allen Reisebeschreibungen doch immer am begierigsten ist, "von Denkart und Sitten der Nation! von ihrer Wissenschaft und Sprache! von Spiel und Tanz, Musik und Götterlehre." Von alle diesem bekämen wir doch bessere Begriffe als durch Plappereien des Reisebeschreibers, oder als durch ein in ihrer Sprache aufgenommenes— — —Vater-Unser! Wie Naturgeschichte Kräuter und Tiere beschreibt, so schilderten sich hier die Völker selbst. Man bekäme von allem anschauenden Begriff, und durch die Ähnlichkeit oder Abweichung dieser Lieder an Sprache, Inhalt und Tönen, insonderheit in Ideen der Kosmogonie und der Geschichte ihrer Väter, liesse sich auf die Abstammung, Fortpflanzung und Vermischung der Völker wie viel und wie sicher schliessen!

Und doch sind selbst in Europa noch eine Reihe Nationen auf diese Weise unbenutzt, unbeschrieben. Esthen und Letten, Wenden und Slaven, Polen und Russen, Friesen und Preussen—ihre Gesänge der Art sind nicht so gesammlet, als die Lieder der Isländer, Dänen, Schweden, geschweige der Engländer, Hersen und Briten, oder gar der südlichen Völker. Und unter ihnen sind doch so manche Personen, denen es Amt und Arbeit ist, die Sprache, Sitte, Denkart, alte Vorurteile und Gebräuche ihrer Nation zu studieren! und andern Nationen gäben sie hiemit die lebendigste Grammatik, das beste Wörterbuch und Naturgeschichte ihres Volks in die Hände. Nur sie müssen es geben, wie es ist, in der Ursprache und mit gnugsamer Erklärung, ungeschimpft und unverspottet, so wie unverschönt und unveredelt: wo möglich mit Gesangweise und alles, was zum Leben des Volks gehört. Wenn sie's nicht brauchen können, können's andre brauchen.

Lessing hat über zwo litthauische Lieder seine Stimme gegeben: Kleist hat ein Lied der Lappen und Kannibalen nachgebildet, und Gerstenberg wie schöne Stücke der alten Dänen übersetzt gegeben. Welche schöne Ernte wäre noch dahinten!—Wenn Leibniz den menschlichen Witz und Scharfsinn nie wirksamer

erklärt als in Spielen; wahrlich so ist das menschliche
Herz und die volle Einbildungskraft nie wirksamer als
in den Naturgesängen solcher Völker. Sie öffnen das
Herz, wenn man sie höret, und wie viele Dinge in
unsrer künstlichen Welt schliessen und mauern es zu!

Auch den Regeln der Dichtkunst endlich, die wir
uns meistens aus Griechen und Römern geformt haben,
thun Proben und Sammlungen der Art nicht ungut.
Auch die Griechen waren einst, wenn wir so wollen,
Wilde, und selbst in den Blüten ihrer schönsten Zeit
ist weit mehr Natur, als das blinzende Auge der
Scholiasten und Klassiker findet. Bei Homer hat's
noch neulich Wood abermals gezeiget: er sang aus
alten Sagen, und sein Hexameter war nichts als
Sangweise der griechischen Romanze. Tyrtäus Kriegs-
gesänge sind griechische Balladen, und wenn Arion,
Orpheus, Amphion lebten, so waren sie edle griechische
Schamanen. Die alte Komödie entsprang aus Spottlie-
dern und Mummereien voll Hefen und Tanz; die
Tragödie aus Chören und Dithyramben, d. i. alten
lyrischen Volkssagen und Göttergeschichten. Wenn
nun Frau Sappho und ein litthauisches Mädchen die
Liebe auf gleiche Art singen, wahrlich so müssen die
Regeln ihres Gesanges wahr sein, sie sind Natur der
Liebe und reichen bis ans Ende der Erde. Wenn
Tyrtäus und der Isländer gleichen Schlachtgesang
anstimmet: so ist der Ton wahr, er reicht bis ans Ende
der Erde. Ist aber wesentliche Ungleichheit da, will
man uns Nationalformen oder gar gelehrte Überein-
kommnisse über Produkte eines Erdwinkels für
Gesetze Gottes und der Natur aufbürden: sollte es da
nicht erlaubt sein das Marienbild und den Esel zu
unterscheiden, der das Marienbild trägt?

ANHANG

(a) GOETHE, ZUM SHAKESPEARES-TAG (1771)

MIR kommt vor, das sei die edelste von unsern Empfindungen, die Hoffnung, auch dann zu bleiben, wenn das Schicksal uns zur allgemeinen Nonexistenz zurückgeführt zu haben scheint. Dieses Leben, meine Herren, ist für unsre Seele viel zu kurz; Zeuge, dass jeder Mensch, der geringste wie der höchste, der unfähigste wie der würdigste, eher alles müd' wird, als zu leben; und dass keiner sein Ziel erreicht, wonach er so sehnlich ausging—denn wenn es einem auf seinem Gange auch noch so lang glückt, fällt er doch endlich, und oft im Angesicht des gehofften Zwecks, in eine Grube, die ihm, Gott weiss wer, gegraben hat, und wird für nichts gerechnet.

Für nichts gerechnet! Ich! Da ich mir alles bin, da ich alles nur durch mich kenne! So ruft jeder, der sich fühlt, und macht grosse Schritte durch dieses Leben, eine Bereitung für den unendlichen Weg drüben. Freilich jeder nach seinem Mass. Macht der eine mit dem stärksten Wandertrab sich auf, so hat der andre Siebenmeilenstiefel an, überschreitet ihn, und zwei Schritte des letzten bezeichnen die Tagreise des ersten. Dem sei, wie ihm wolle, dieser emsige Wandrer bleibt unser Freund und unser Geselle, wenn wir die gigantischen Schritte jenes anstaunen

und ehren, seinen Fusstapfen folgen, seine Schritte
mit den unsrigen abmessen.

Auf die Reise, meine Herren! die Betrachtung so
eines einzigen Tapfs macht unsre Seele feuriger und
grösser, als das Angaffen eines tausendfüssigen könig-
lichen Einzugs.

Wir ehren heute das Andenken des grössten Wan-
drers und tun uns dadurch selbst eine Ehre an. Von
Verdiensten, die wir zu schätzen wissen, haben wir
den Keim in uns.

Erwarten Sie nicht, dass ich viel und ordentlich
schreibe, Ruhe der Seele ist kein Festtagskleid; und
noch zurzeit habe ich wenig über Shakespearen gedacht; geahndet, empfunden, wenn's hoch kam, ist
das Höchste, wohin ich's habe bringen können. Die
erste Seite, die ich in ihm las, machte mich auf
Zeitlebens ihm eigen, und wie ich mit dem ersten
Stücke fertig war, stund ich wie ein Blindgeborner,
dem eine Wunderhand das Gesicht in einem Augen-
blicke schenkt. Ich erkannte, ich fühlte aufs leb-
hafteste meine Existenz um eine Unendlichkeit
erweitert, alles war mir neu, unbekannt, und das
ungewohnte Licht machte mir Augenschmerzen. Nach
und nach lernt' ich sehen, und, Dank sei meinem
erkenntlichen Genius, ich fühle noch immer lebhaft,
was ich gewonnen habe.

Ich zweifelte keinen Augenblick, dem regelmässigen
Theater zu entsagen. Es schien mir die Einheit des
Orts so kerkermässig ängstlich, die Einheiten der
Handlung und der Zeit lästige Fesseln unsrer Einbildungskraft. Ich sprang in die freie Luft, und
fühlte erst, dass ich Hände und Füsse hatte. Und
jetzo, da ich sahe, wieviel Unrecht mir die Herrn der

Regeln in ihrem Loch angetan haben, wieviel freie Seelen noch drinne sich krümmen, so wäre mir mein Herz geborsten, wenn ich ihnen nicht Fehde angekündigt hätte und nicht täglich suchte ihre Türne zusammenzuschlagen.

Das griechische Theater, das die Franzosen zum Muster nahmen, war, nach innrer und äusserer Beschaffenheit, so, dass eher ein Marquis den Alcibiades nachahmen könnte, als es Corneillen dem Sophokles zu folgen möglich wär.

Erst Intermezzo des Gottesdiensts, dann feierlich politisch, zeigte das Trauerspiel einzelne grosse Handlungen der Väter dem Volk, mit der reinen Einfalt der Vollkommenheit, erregte ganze, grosse Empfindungen in den Seelen, denn es war selbst ganz und gross.

Und in was für Seelen!

Griechischen! Ich kann mich nicht erklären, was das heisst, aber ich fühl's, und berufe mich der Kürze halber auf Homer und Sophokles und Theokrit, die haben's mich fühlen gelehrt.

Nun sag ich geschwind hintendrein: Französchen, was willst du mit der griechischen Rüstung, sie ist dir zu gross und zu schwer.

Drum sind auch alle französischen Trauerspiele Parodien von sich selbst.

Wie das so regelmässig zugeht, und dass sie einander ähnlich sind wie Schuhe, und auch langweilig mitunter, besonders *in genere* im vierten Akt, das wissen die Herren leider aus der Erfahrung, und ich sage nichts davon.

Wer eigentlich zuerst drauf gekommen ist, die Haupt- und Staatsaktionen aufs Theater zu bringen,

weiss ich nicht, es gibt Gelegenheit für den Liebhaber
zu einer kritischen Abhandlung. Ob Shakespearen die
Ehre der Erfindung gehört, zweifl' ich: genug, er
brachte diese Art auf den Grad, der noch immer der
höchste geschienen hat, da so wenig Augen hinauf
reichen, und also schwer zu hoffen ist, einer könne
ihn übersehen, oder gar übersteigen.

Shakespeare, mein Freund, wenn du noch unter uns
wärest, ich könnte nirgend leben als mit dir, wie gern
wollt ich die Nebenrolle eines Pylades spielen, wenn
du Orest wärst, lieber als die geehrwürdigte Person
eines Oberpriesters im Tempel zu Delphos.

Ich will abbrechen, meine Herren, und morgen
weiterschreiben, denn ich bin in einem Ton, der
Ihnen vielleicht nicht so erbaulich ist, als er mir von
Herzen geht.

Shakespeares Theater ist ein schöner Raritäten-
kasten, in dem die Geschichte der Welt vor unsern
Augen an dem unsichtbaren Faden der Zeit vor-
beiwallt. Seine Plane sind, nach dem gemeinen Stil
zu reden, keine Plane, aber seine Stücke drehen sich
alle um den geheimen Punkt (den noch kein Philosoph
gesehen und bestimmt hat), in dem das Eigentüm-
liche unsres Ichs, die prätendierte Freiheit unsres
Willens, mit dem notwendigen Gang des Ganzen
zusammenstösst. Unser verdorbner Geschmack aber
umnebelt dergestalt unsere Augen, dass wir fast eine
neue Schöpfung nötig haben, uns aus dieser Finsternis
zu entwickeln.

Alle Franzosen und angesteckte Deutsche, sogar
Wieland, haben sich bei dieser Gelegenheit, wie bei
mehreren wenig Ehre gemacht. Voltaire, der von
jeher Profession machte, alle Majestäten zu lästern,

hat sich auch hier als ein echter Thersit bewiesen.
Wäre ich Ulysses, er sollte seinen Rücken unter
meinem Szepter verzerren.

Die meisten von diesen Herren stossen auch besonders an seinen Charakteren an.

Und ich rufe: Natur! Natur! nichts so Natur als
Shakespeares Menschen.

Da hab ich sie alle überm Hals.

Lasst mir Luft, dass ich reden kann!

Er wetteiferte mit dem Prometheus, bildete ihm
Zug vor Zug seine Menschen nach, nur in kolossa-
lischer Grösse; darin liegt's, dass wir unsre Brüder
verkennen; und dann belebte er sie alle mit dem
Hauch seines Geistes, er redet aus allen, und man
erkennt ihre Verwandtschaft.

Und was will sich unser Jahrhundert unterstehen,
von Natur zu urteilen? Wo sollten wir sie her kennen,
die wir von Jugend auf alles geschnürt und geziert an
uns fühlen, und an andern sehen? Ich schäme mich
oft vor Shakespearen, denn es kommt manchmal vor,
dass ich beim ersten Blick denke, das hätt ich anders
gemacht! Hintendrein erkenn ich, dass ich ein armer
Sünder bin, dass aus Shakespearen die Natur weissagt,
und dass meine Menschen Seifenblasen sind, von
Romanengrillen aufgetrieben.

Und nun zum Schluss, ob ich gleich noch nicht
angefangen habe.

Das was edle Philosophen von der Welt gesagt
haben, gilt auch von Shakespearen: das, was wir
bös nennen, ist nur die andre Seite vom Guten, die
so notwendig zu seiner Existenz und in das Ganze
gehört, als *Zona torrida* brennen, und Lapland ein-
frieren muss, dass es einen gemässigten Himmels-

strich gebe. Er führt uns durch die ganze Welt, aber wir verzärtelte unerfahrne Menschen schreien bei jeder fremden Heuschrecke, die uns begegnet: Herr, er will uns fressen!

Auf, meine Herren! trompeten Sie mir alle edle Seelen aus dem Elysium des sogenannten guten Geschmacks, wo sie schlaftrunken, in langweiliger Dämmerung halb sind, halb nicht sind, Leidenschaften im Herzen und kein Mark in den Knochen haben, und weil sie nicht müde genug zu ruhen und doch zu faul sind um tätig zu sein, ihr Schattenleben zwischen Myrten und Lorbeergebüschen verschlendern und vergähnen.

(b) LESSING, SHAKESPEARE UND DIE FRANZOSEN (LITERATUR-BRIEF 17) (1759)

Als die Neuberin blühte und so Mancher den Beruf fühlte, sich um sie und die Bühne verdient zu machen, sahe es freilich mit unserer dramatischen Poesie sehr elend aus. Man kannte keine Regeln; man bekümmerte sich um keine Muster. Unsere Staats- und Helden-Actionen waren voller Unsinn, Bombast, Schmutz und Pöbelwitz. Unsre Lustspiele bestanden in Verkleidungen und Zaubereien, und Prügel waren die witzigsten Einfälle derselben. Dieses Verderbniss einzusehen, brauchte man eben nicht der feinste und grösste Geist zu sein. Auch war Herr Gottsched nicht der Erste, der es einsahe; er war nur der Erste, der sich Kräfte genug zutraute, ihm abzuhelfen. Und wie ging er damit zu Werke? Er verstand ein wenig Französisch und fing an zu übersetzen; er ermunterte Alles, was reimen und *Oui, Monsieur* verstehen konnte, gleichfalls zu übersetzen; er verfertigte, wie ein schweizerischer Kunstrichter sagt, mit Kleister und Schere seinen Cato; er liess den Darius und die Austern, die Elisie und den Bock im Processe, den Aurelius und den Witzling, die Banise und den Hypochondristen ohne Kleister und Schere machen; er legte seinen Fluch auf das Extemporiren; er liess den Harlekin feierlich vom Theater vertreiben, welches selbst die grösste Harlekinade war, die jemals gespielt worden; kurz, er wollte nicht sowohl unser altes Theater verbessern,

als der Schöpfer eines ganz neuen sein. Und was für
eines neuen? Eines französirenden; ohne zu untersuchen, ob dieses französirende Theater der deutschen
Denkungsart angemessen sei oder nicht.

Er hätte aus unsern alten dramatischen Stücken,
welche er vertrieb, hinlänglich abmerken können, dass
wir mehr in den Geschmack der Engländer als der
Franzosen einschlagen; dass wir in unsern Trauer-
spielen mehr sehen und denken wollen, als uns das
furchtsame französische Trauerspiel zu sehen und zu
denken giebt; dass das Grosse, das Schreckliche, das
Melancholische besser auf uns wirkt als das Artige,
das Zärtliche, das Verliebte; dass uns die zu grosse
Einfalt mehr ermüde als die zu grosse Verwickelung,
etc. Er hätte also auf dieser Spur bleiben sollen, und
sie würde ihn geraden Weges auf das englische Theater
geführet haben.—Sagen Sie ja nicht, dass er auch
dieses zu nutzen gesucht, wie sein Cato es beweise.
Denn eben dieses, dass er den Addison's chen
Cato für das beste englische Trauerspiel hält, zeiget
deutlich, dass er hier nur mit den Augen der Franzosen
gesehen und damals keinen Shakespeare, keinen
Jonson, keinen Beaumont und Fletcher etc.
gekannt hat, die er hernach aus Stolz auch nicht hat
wollen kennen lernen.

Wenn man die Meisterstücke des Shakespeare,
mit einigen bescheidenen Veränderungen, unsern
Deutschen übersetzt hätte, ich weiss gewiss, es würde
von bessern Folgen gewesen sein, als dass man sie
mit dem Corneille und Racine so bekannt gemacht
hat. Erstlich würde das Volk an Jenem weit mehr
Geschmack gefunden haben, als es an Diesen nicht
finden kann, und zweitens würde Jener ganz andere

Köpfe unter uns erweckt haben, als man von Diesen zu rühmen weiss. Denn ein Genie kann nur von einem Genie entzündet werden, und am leichtesten von so einem, das Alles blos der Natur zu danken zu haben scheinet und durch die mühsamen Vollkommenheiten der Kunst nicht abschrecket.

Auch nach den Mustern der Alten die Sache zu entscheiden, ist Shakespeare ein weit grösserer tragischer Dichter als Corneille, obgleich Dieser die Alten sehr wohl und Jener fast gar nicht gekannt hat. Corneille kömmt ihnen in der mechanischen Einrichtung und Shakespeare in dem Wesentlichen näher. Der Engländer erreicht den Zweck der Tragödie fast immer, so sonderbare und ihm eigene Wege er auch wählet, und der Franzose erreicht ihn fast niemals, ob er gleich die gebahnten Wege der Alten betritt. Nach dem Oedipus des Sophokles muss in der Welt kein Stück mehr Gewalt über unsre Leidenschaften haben als Othello, als König Lear, als Hamlet etc. Hat Corneille ein einziges Trauerspiel, das Sie nur halb so gerührt hätte als die Zayre des Voltaire? Und die Zayre des Voltaire, wie weit ist sie unter dem Mohren von Venedig, dessen schwache Copie sie ist, und von welchem der ganze Charakter des Orosman's entlehnet worden?

Dass aber unsre alten Stücke wirklich sehr viel Englisches gehabt haben, könnte ich Ihnen mit geringer Mühe weitläuftig beweisen. Nur das bekannteste derselben zu nennen, Doctor Faust hat eine Menge Scenen, die nur ein Shakespeare'sches Genie zu denken vermögend gewesen. Und wie verliebt war Deutschland, und ist es zum Theil noch, in seinen Doctor Faust!....

BIBLIOGRAPHICAL NOTES

HERDER

1. *Shakespear.*

(*a*) Herders Sämmtliche Werke, herausgegeben von *Bernhard Suphan*, vol. v (1891), 208–31 and 232–57 (the earlier versions and fragments of a translation from Shakespeare).

See also the introductory remarks on pages xvi–xxii.

(*b*) Herders Werke, herausgegeben von *Hans Lambel*, III, 2, pp. 227–51 and xli–xlviii (in Kürschner's 'Deutsche National-Litteratur,' vol. 76, II). Stuttgart. No year. Useful introduction and notes.

(*c*) Von Deutscher Art und Kunst, Einige fliegende Blätter, herausgegeben von *Hans Lambel* (in Seuffert's and Sauer's 'Deutsche Litteraturdenkmale des 18 und 19 Jahrhunderts'). Stuttgart, Göschen, 1892. Valuable introduction, later than that quoted under (*b*), with useful bibliographical references.

(*d*) Herders Shakespeare-Aufsatz in dreifacher Gestalt, mit Anmerkungen herausgegeben von *Franz Zinkernagel* (vol. 107 of 'Kleine Texte für Vorlesungen und Übungen,' herausgegeben von Hans Lietzmann). Bonn, 1912. Brief introduction and notes.

(*e*) Johann Gottfried Herder. Ausgewählte Prosa. Erstes Bändchen. Herausgegeben von *R. Franz* (in Velhagen und Klasing's 'Deutsche Schulausgaben,' Band 8), pp. 42–63 and 147–8. Bielefeld, 1920. Popular. Short introduction and notes.

2. *Von Ähnlichkeit der mittleren englischen und deutschen Dichtkunst, nebst Verschiedenem, das daraus folget.*

(*a*) Herders Sämmtliche Werke, herausgegeben von *Bernhard Suphan*, vol. IX (1893), 522–34, and introductory remarks (by *Reinhold Steig*) on pp. xiv–xv. See also vol. xxv (1885), pp. 5 *sqq.*; 63 *sqq.*; and a few notes (by *Carl Redlich*) on pp. 655 and 660.

(*b*) Herders Werke, herausgegeben von *Hans Lambel*, III, 2, pp. 257–72 and xxxvi *sqq.* See 1 (*b*).

(*c*) Johann Gottfried Herder. Ausgewählte Prosa. Erstes Bändchen. Herausgegeben von *R. Franz*, pp. 29–42 and 145–47. See 1 (*e*).

58   BIBLIOGRAPHICAL NOTES

LESSING.

Briefe die neueste Literatur betreffend. Herausgegeben und mit Anmerkungen begleitet von *Carl Christian Redlich* (in the 'Hempel' edition, vol. IX). Berlin. No year. Letter 17 is printed on pp. 79–85. The passages printed on pp. 53–55 of this edition do not reproduce the whole letter.

See *H. Lambel*, in the introduction to his edition quoted under 1 (*b*), pp. xli *sqq.*

WIELAND.

Shakespear Theatralische Werke. Aus dem Englischen übersetzt von Herrn Wieland. Zürich, 1762–66.

See *A. v. Weilen's* Introduction to Gerstenberg's 'Briefe,' pp. xxxv *sqq.*

GERSTENBERG.

Briefe über Merkwürdigkeiten der Litteratur, herausgegeben von *Alexander von Weilen.* Erste und Zweite Sammlung. Heilbronn, 1888. Dritte Sammlung nebst Einleitung. Stuttgart, 1890 (in Seuffert's 'Deutsche Litteraturdenkmale des 18 und 19 Jahrhunderts,' vols. 29 and 30). The letters (14–18) on Shakespeare, 'Versuch über Shakespears Werke und Genie,' are printed in vol. 29, 109–66, the very valuable introduction by the editor in vol. 30, i–cxliii.

See also: *Max Koch,* 'Die Schleswigschen Litteraturbriefe.' München, 1878; and the same in his 'Helferich Peter Sturz.' München, 1879, pp. 76–136. *R. Haym,* Herder, I, 427 *sqq.*

GOETHE.

Zum Schäkespears Tag in 'Der Junge Goethe' (neue Ausgabe, besorgt von *Max Morris*), II, 137–40 (**text**) and VI, 191–93 (valuable notes). Leipzig, 1910 and 1912. Morris has reproduced the extravagant spelling of Young Goethe; the text given in the present edition is taken from Erich Schmidt's excellent selection 'Goethes Werke in sechs Bänden' [der 'Volksgoethe']. Leipzig, 1909, vol. VI, 343–46 and 508.

See: *J. Minor* und *A. Sauer,* Studien zur Goethe-Philologie. Wien, 1880, pp. 244–47. *B. Suphan* in 'Vierteljahrschrift für Litteraturgeschichte,' II, 463 *sqq. Julius Zeitler,* Goethe-Handbuch. Stuttgart, vol. III (1918), 332–35. Also compare *Goethe,*

'Wilhelm Meisters Theatralische Sendung,' Book v, chapters 7, 8, 10 (probably written in 1784).

LENZ.

Jakob Michael Reinhold Lenz. *Gesammelte Schriften*, herausgegeben von *Max Blei*. München und Leipzig, 1909, vol. I, 221–55 and 535–39.
See: *Theodor Friedrich*, Die 'Anmerkungen übers Theater' des Dichters Jakob Michael Reinhold Lenz ('Probefahrten,' herausgg. von Albert Köster, vol. XIII). Leipzig, 1909.

Friedrich Gundolf, Shakespeare und der deutsche Geist. Berlin, 1911.
R. Haym, Herder nach seinem Leben und seinen Werken. Berlin, I (1880), 419–41 and 696–7.
Eugen Kühnemann, Herder. Zweite, neu bearbeitete Auflage. München, 1912, pp. 150–56; 174–81; 277–79.